翻转课堂
与深度学习

SOLVING THE HOMEWORK PROBLEM BY FLIPPING THE LEARNING

[美] 乔纳森·伯格曼 Jonathan Bergmann 著

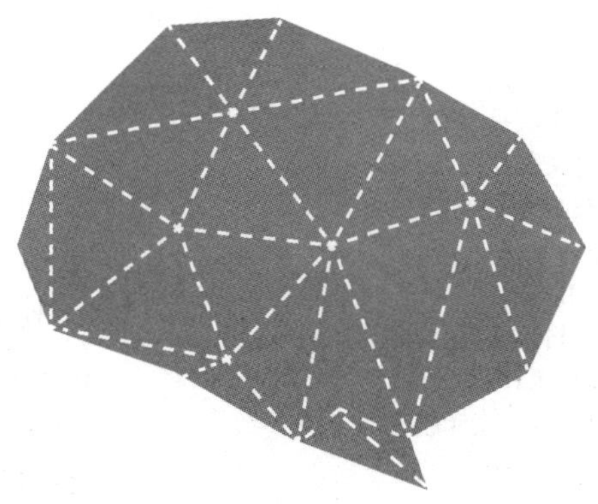

中国青年出版社
CHINA YOUTH PRESS
中青文传媒

图书在版编目（CIP）数据

翻转课堂与深度学习：人工智能时代，以学生为中心的智慧教学 /（美）乔纳森·伯格曼著；杨洋译.
—北京：中国青年出版社，2018.8
书名原文：Solving the Homework Problem by Flipping the Learning
ISBN 978-7-5153-5158-2
Ⅰ.①翻… Ⅱ.①乔… ②杨… Ⅲ.①课堂教学－教学研究 Ⅳ.①G424.21
中国版本图书馆CIP数据核字（2018）第122612号

翻转课堂与深度学习：
人工智能时代，以学生为中心的智慧教学

作　　者：［美］乔纳森·伯格曼
译　　者：杨　洋
责任编辑：肖妩嫔
美术编辑：杜雨萃　靳　然
出　　版：中国青年出版社
发　　行：北京中青文文化传媒有限公司
电　　话：010-65511270/65516873
公司网址：www.cyb.com.cn
购书网址：zqwts.tmall.com
印　　刷：大厂回族自治县益利印刷有限公司
版　　次：2018年8月第1版
印　　次：2021年11月第5次印刷
开　　本：787×1092　1/16
字　　数：100千字
印　　张：10.5
京权图字：01-2017-5359
书　　号：ISBN 978-7-5153-5158-2
定　　价：29.80元

SOLVE THE HOMEWORK PROBLEM
BY FLIPPING THE LEARNING

目 录

SOLVE THE HOMEWORK PROBLEM
BY FLIPPING THE LEARNING

目 录

SOLVE THE HOMEWORK PROBLEM
BY FLIPPING THE LEARNING

第 1 章

翻转课堂与深度学习解决方案

SOLVE THE HOMEWORK PROBLEM BY FLIPPING THE LEARNING

众所皆知，家庭作业总是给学生很大压力，作为学生的家长，父母们对家庭作业也是爱恨交加。父母想把最好的都给孩子，很多父母认为做家庭作业这种方式容易使孩子成功，但是他们也害怕自己不能帮到孩子。老师们觉得有义务布置家庭作业，或是因为外界压力，或是因为内在动力，或是仅仅由于我们一直以来都是这么做的。家庭作业的价值是什么？家庭作业能帮助学生，还是阻碍学生，或者其仅是老师控制学生的一种工具？作为一名老师，我布置过很多作业。有些家庭作业是有意义有效果的，然而还有些作业仅仅是为了使学生有事可做却并不能帮到学生。同时，作为三个孩子的家长，我花费了无数个小时和孩子们一起学习。有时我看到了家庭作业的确能使孩子们有所收益，有时又看到了家庭作业在某种程度上妨碍了孩子们的教育。当我对家庭作业的价值和目的提出质疑时，我的三个孩子都免不了有一些眼泪汪汪的时候。

根据国家家庭扫盲中心提供的信息，50%的家长坦言，他们在辅导孩子家庭作业时遇到了一些问题，他们给出的原因如下：

- 他们不理解老师们布置的作业内容（46.5%）
- 他们的孩子不想让他们帮忙（31.6%）
- 他们太忙了（21.9%）

我曾收到过一封来自芭芭拉·斯特恩斯的个人信件，这位写信者是一名公司培训师也是一位沮丧的家长：

SOLVE THE HOMEWORK PROBLEM BY FLIPPING THE LEARNING

我认为，家庭作业是最有利于翻转课堂的。我的孩子在上学时，六七位老师每人每天给孩子们上课一小时，然后让孩子们回家做作业，这些作业一般都是对当天课堂概念的应用和练习。

但是我的孩子们不会直接回家，他们会在日托中心一直待到我下班回来。我早上7:30开车送他们去日托中心，晚上5:30~6:00再来接他们。日托中心存在的目的并不是帮助孩子写作业，或者他们只是安排一些没有接受过培训的人在孩子们做作业时提供帮助。即使是学校的课外项目，也是利用孩子们的课外时间来做有意思的活动，而并不是为了延长上学时间。然后，在我们到家后到孩子上床睡觉前的三个小时时间，我们要吃饭、洗澡、练武术、过生日等。家庭作业常常是一场战争，他们也常常不能很好地记得白天学到的东西如何应用在家庭作业中，当我试图帮忙时，他们会说："我的老师不是这么跟我说的。"

有效解决翻转课堂存在的问题

从我作为一名职业教师和一位父亲的角度来看，我发现，在当今教育界家庭作业存在这样几个问题：

- 家庭作业似乎意义不大，或者说作用甚微
- 布置的作业耗费时间过长
- 很多学生并不会完成布置的作业
- 老师们布置给学生的家庭作业让学生们感到措手不及
- 有些家庭作业是无效的

斯坦福大学的研究员丹妮斯·波普博士对4300多名学习成绩优异的中学生进行调查研究，发现只有20%~30%的学生觉得自己的家庭作业是有用的。在很多情况下，家庭作业并没有帮助学生有所成就，也没有帮助学生开发自己的好奇心，反而成为了让学生服从和受管控的练习。通常

老师布置的家庭作业很多时候没有上下文，或者不是太简单就是太难，亦或是与课程无关。

作为家长，我曾目睹孩子们为了完成作业深夜挑灯夜读甚至一直熬到凌晨。似乎有些老师将家庭作业量等同于努力程度，但事实上，他们必须完成的家庭作业破坏了他们对学习的热爱。

教育者的困境

因为各种原因，学生经常在没有完成必要的课前准备的情况下就来上课了。老师们是应该就此据理力争还是从此放弃不再布置任何家庭作业？如果我们的目标是顺从而非学习，那么我们作为教育工作者就错过了作业的真正意义。相反，努力进取和坚持是学习的要素。不是所有学生对所教的内容都会产生兴趣，并且很多学生可能缺乏去完成所有作业的内在动力。

失败的对策

我首先要承认的一个事实是让学生回家完成的作业中有一部分是无法完成的。凭借我教给学生们有限的背景知识，他们是没有能力完成我布置的家庭作业的。学生可能没有建立起认知框架，在家可能得不到足够的辅助，也可能他们的家庭生活太过繁忙。一些学生带着尚未完成的作业来上课是因为他们认为作业没有价值，于是选择弃做。还有一些学生，多年如一日地面对铺天盖地的没有意义的作业，导致了他们对待作业总体上的一个原则是反对去做。大多数情况下，学生没有完成作业是因为他们缺少必要的背景知识而放弃的，这些学生通常不会积极主动地学习，上课也不认真，并且常常会出现纪律问题。以我的经验，有纪律问题的学生会变得不在意自己的行为，他们以此掩饰自己的不足和挫败感。他们要么挣扎之后不在乎上学的

价值，要么挣扎着继续认为上学是有价值的，同时产生了一种挫败感，前一种情况更容易发生。

家庭作业价值大讨论

教育工作者、家长和社会大众就家庭作业的价值进行了一场大讨论。支持方认为，学生需要时间去实践他们在课堂上所学习的知识，反对方则认为，家庭作业浪费了孩子们的时间，对他们有害处。有些家长认为学校不应该布置任何家庭作业，对于这些家长来说，学校是学习的地方，家是家人生活的地方，他们认为学校正在侵犯他们的家庭生活，希望将学术任务限制在学生在校期间。我很同情这些家长，我自己作为一个家长也看到了家庭作业的弊端，我的孩子们因为家庭作业而感到迷失、挫败甚至因为家庭作业繁多而牺牲了睡眠时间。

对于一些老师来说，他们只是按照惯例布置家庭作业，对于作业的数量、质量或效果并未进行深入思考。对于另一些老师来说，布置作业是一种权力的体现，老师把家庭作业作为一种奖惩体系来控制学生。我们一起来看一看两位教育工作者罗伯特·马扎诺和阿尔菲·科恩的研究成果总结。

马扎诺　罗伯特·马扎诺评估了对家庭作业所做的研究并得出结论：家庭作业是学习的一种有效工具。马扎诺发现了学生年龄与作业有效性之间的联系，学生所在的年级越高，家庭作业对学生取得成绩越有效，图表1.1体现了他的研究成果。

图表1.1　学生所在的年级与家庭作业有效性

年级	成绩提高的百分比
四至六	+6
七至九	+12
十至十二	+24

马扎诺也建议了学生用于做作业的理想时间长度，他将其称为“10分钟原则”。根据该原则，学生做作业的时间应该是其所在的年级乘以10分钟。因此，按照该原则，一个四年级的学生每晚的作业量应该不超过40分钟。

科恩　阿尔菲·科恩则代表了大讨论的另一方，像马扎诺一样，科恩也进行了研究。然而与马扎诺不同，科恩的总结是通过研究得来的，结果表明家庭作业对学生成绩毫无作用，应该废除家庭作业。他在一则网络视频中提到：

> 你只要想到孩子们上了一整天学之后回到家里还要做更多的学术作业，就会觉得很奇怪，而更让人感到奇怪的是，我们对此却不以为意。我们从未停下来问一问这是否符合逻辑，是否与我们要孩子得到全面发展的终极目标一致，是否有研究支持布置家庭作

业。关于家庭作业，像我们是否应该把作业控制在多少分钟之内的这类小问题，并不是我想问的。我想要问的是："为什么孩子们回家后还需要两班倒做学术作业？"

科恩认为，学生需要在严格的作业体制之外利用更多自由的时间去玩耍、去探索、去拓展。科恩批判家庭作业，质疑任何家庭作业的价值。在他的著作《家庭作业之谜》中，他总结道："研究并未显示，在高质量的课堂上，老师布置很少甚至未布置作业的情况下，学生在进行有效学习方面会处于任何劣势。"他把自己的总结分成两部分：年纪小的学生和年纪大的学生。他论述说，对于年纪小的学生来说，家庭作业和学生成绩没有关系或者可能是负相关。对于年纪大的学生，他的论述表明，家庭作业和学生成绩并没有重要的相关性，只有一个例外：家庭作业的完成数量和学生的年级成正相关。

可能的解决方案

那么解决方案是什么呢？家庭作业对学生有用吗？作为曾在世界各地听课并查阅文献的一线教师，我得出的结论是，精心设计的有意义的家庭作业能够帮助学生取得好成绩。家庭作业必须是与课堂内容相关的、有实际意义的，同时还要与学生能力相匹配。

有没有其他方法？如果有一种家庭作业耗时少、更有意义、与课堂内容要点更相关、任务量更集中且学生实际完成了呢？我曾经目睹翻转学习是如何“解决”家庭作业问题的。家庭作业不再是一个冷冰冰的词，而是一种使学生准备深入学习并且积极主动参与课堂的一种活动。

翻转学习和布卢姆教育目标分类法

在讨论翻转学习之前，我们先通过布卢姆教育目标分类法来审视一下家庭作业。在传统的课堂中，布卢姆教育目标分类法中较低层次的活动总是在课堂上完成，学生课后要在没有专业指导的情况下完全依靠自己完成练习题目、项目和论文，从而沿着布卢姆教育目标分类法的阶梯完成中高层次的活动。在翻转课堂中，布卢姆教育目标分类法中较低层次的活动布置给学生个人课后完成，因此，所有学生能够在课堂上有专业教师在场的情况下和同学们一起进行高阶思维能力培养的活动。

自下而上

回顾和亚伦·萨姆斯进行翻转课堂实践之前我的课堂情况，我在课上花了大量时间教授记忆性和理解性的内容，然后让学生回家应用、分析、评估和创造（见图表1.2）。作为父母，我的孩子们回到家里为家庭作业而感到沮丧。然而，我的孩子们有我这样一位职业教师来帮助他们，因此我的教育经历对于我自己的孩子们来说是足够的，但不是所有的孩子都成长在有教师的家庭中。

图表1.2　布卢姆教育目标分类法，简单/困难

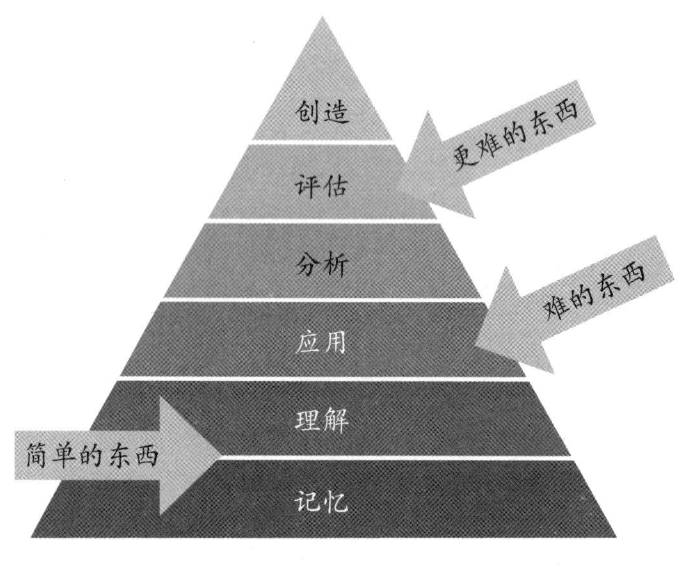

很多来上学的学生来自没有什么教育优势的家庭，父母没有时间或没有专业知识来帮助自己的孩子。我有一段令我印象尤为深刻的教学经历，当时我在科罗拉多州丹佛市一所老城区中学执教，一直以来，让学生回家做“难一点的东西”是一点也不奏效的。当我让学生回家做一些有关白天课堂内容的应用和分析时，很多学生空手而归。这些学生中，有一些人在家没有父母辅导，更别说帮助他们完成那些更难的认知任务了，因此他们没能成功地完成任务。有一次，我记得在一堂课上教授七年级的学生关于岩石循环的知识。学生应该记笔记，然后回家再回答练习题的问题。我对学生完成家庭作业的比例和学生回答的质量都感到很沮丧，我在教学过程中布置的一个很典型的作业是：

“中洋脊是离散边界，在此火山岩浆会喷出流到大洋底，请解释岩浆岩发生了什么地质现象。”这个作业要求学生理解喷出地表的岩浆岩和侵入地壳但未喷出地表的火山侵入岩的区别。从布卢姆教育目标分类法的角度来看，这是在应用或者分析层次的任务。分析很重要，但是期待学生在辅助甚微或是没有辅助的情况下独立完成这个作业，想要最好的结果是不现实的，而最坏的结果是对学生产生了伤害。

自上而下：翻转课堂

如果我们能够在课堂上完成“较难的东西”，让孩子们用做家庭作业的时间来掌握基础知识和理解会怎么样？这正是翻转课堂的内容。在任何一间教室中，最宝贵的资源是专家（即教师），在教师在场的情况下完成“较难的东西”！（见图表1.3）

我们来翻转一下布卢姆教育目标的分类。让我们在课堂上花更多的时间来完成更困难的认知任务，花更少的时间来做较为简单的任务。

在图表1.2中，金字塔的每一层代表课堂上花在不同类

图表1.3 翻转的布卢姆教育目标分类

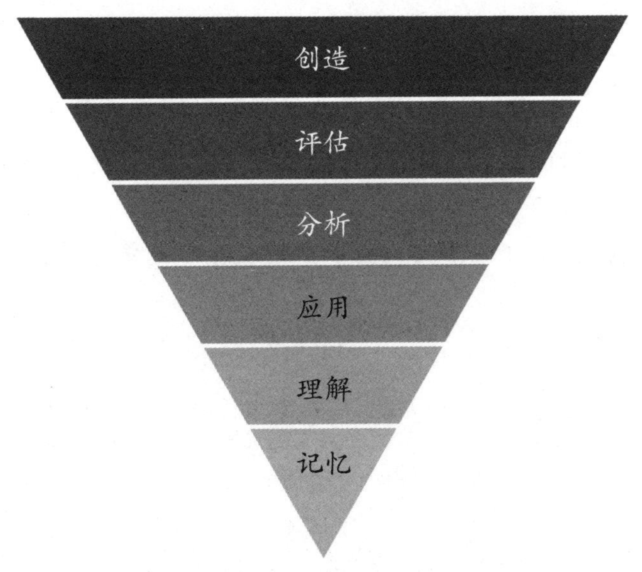

型任务上的时间，学生花在记忆和理解上的时间最多。

事实上，老师在场提供帮助的情况下，学生需要将更多的时间花在布卢姆教育目标分类等级更高的任务上，而非那些等级较低的任务。

当我和教师们分享布卢姆教育目标分类的倒置结构时，

他们对学生在金字塔的最高两层花费的大量时间感到吃惊，他们不知道自己的学生是如何能够花费那么多的时间进行评估和创造的。相反，翻转学习和布卢姆教育目标分类法相结合后的更加实际的图形是菱形（见图表1.4）。再次假

图表1.4　钻石结构的布卢姆教育目标分类等级

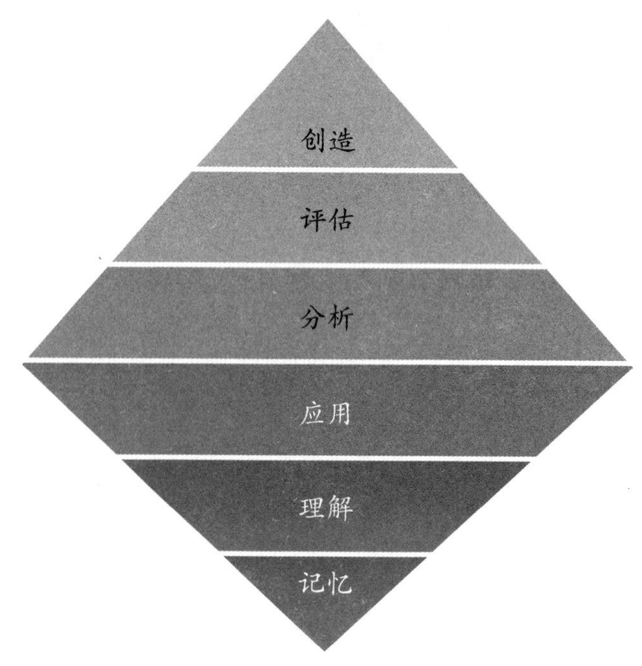

设面积越大代表用于该水平任务的课堂时间越多，那么课堂上的大部分时间会用于进行应用和分析。

长久以来，对哪些任务在课上做，哪些任务在课外做，翻转课堂与传统课堂是完全颠倒的。如何使用课上时间必须经过深思熟虑，从而能够使所有学生在课内外都能获得所需的辅助，这样一来，所有学生也都能受益。在布卢姆教育目标分类的菱形结构模型中，翻转课堂为学生和教师简化了学习过程，将教师资源正确地配置给了最需要他们的学生，这些学生在完成高阶任务时有一定的困难。莫德林·多维奇是新泽西州米德尔顿的教学带头人，他说过翻转学习最大的好处是“轻量级的任务在家做，重量级的任务在有老师的课堂上完成”。

深度学习

翻转学习从本质上讲是一个非常简单的想法，学生在上课前先接触介绍性材料，这一过程常常表现为任课教师录制教学视频让学生学习。这种方式替代了课堂上直接授课，也就是我们所说的面授讲课。课上时间的用途发生改变，课堂上的时间分配给不同的任务，例如项目、询问、讨论或简单地做课堂练习。这些任务在先前的框架下是布置成家庭作业的，这一简单的时间转换正在世界范围内对课堂进行改革。

越来越多的教师通过翻转课堂将作业布置地更加有意义且有实际效果。从本质来讲，翻转课堂这一方法非常简单：通过教学视频（我会称其为翻转视频）将直接讲解和基本内容传递给学生，然后课堂时间专门用于应用、分析和实践，在老师在场的情况下，纠正错误观念，扫清存在的问题。基本上，在面授课之前，先完成简单的内容。一旦师生都来到课堂上，基础概念已经介绍过，重新调整的课堂时间用来使学生参与更高阶的思考活动。学生在课前完成简单任务，在课上着手解决困难任务，课上有老师在，能提供辅助。

翻转课堂作为一种教学理念和教学模式正在影响和改变着传统的课堂教学。它利用互联网技术和信息化手段，突破了传统课堂的边界，拓展了课堂教学的时间和空间，优化了学生的学习过程，增强了学生的学习能力，实现了信息技术与课程教学的深度融合，它的主要价值在于促进了学生的深度学习。

翻转作业如何打破陈规

翻转作业和传统家庭作业有何不同？有趣的是，翻转家庭作业完全违反了对于有效家庭作业的研究。科珀阐述，家庭作业从来不应该用于教授新材料，相反，有效的家庭作业应该是为了练习和拓展课堂所学的内容。因此，关于最好的家庭作业实践，翻转作业是一种思维转变。这种彻底背离传统概念的方式现在变得可行，因为老师的入门课程能够以互动参与的方式得以分享，学生能够带着足够的背景知识来上课。这样一来，翻转家庭作业不仅转变了家庭作业，也完全改变了关于家庭作业的研究。

翻转家庭作业也解决了时间问题“一些学生在10分钟内能做完的作业，另一些学生可能需要一个小时才能做完”。翻转视频的好处在于其时长是固定的，翻转课程做得好的话，视频精简，时长是已知的。尽管有些学生会比其他学生需要更长时间来消化翻转视频，但时间差异会大大少于做传统家庭作业的时间差异。

倾听学生的心声

世界各地的学生正在走进翻转课堂，翻转课堂实际上在每个国家、每个学科、每个年级都能觅其踪迹。学生对于家庭作业与翻转学习相结合是怎么看的？在著述本书的过程中，我联系了世界各地使用翻转课堂的教师，请他们在学生中间做调查。我给原来一起共事过的老师们发邀请甚至在几个社交媒体平台发布请求。这并不是行为研究调研，并没有实验对照组和已有的研究计划，相反，大量的学生反馈极大地增进了我们对于以下两个方面的理解，一是学生对翻转学习的看法，二是翻转学习与翻转作业的具体关联。如果您想看原始问卷，请访问网址bit.ly/fliphw，数据既有趣又引人注目，我将在本章及本书之后的章节中分享一些调查结果。

有2344名学生参与了调研，其中大部分学生是美国人（见图表1.5），年级分布如图表1.6所示。学生参与了各种各样的翻转课程（见图表1.7）。图表1.7所示的问题收到了3578个回复，这些回复显示很多学生参与了多门翻转课程。

有趣的是大部分的翻转课堂是科学课和数学课，尽管这些数据可能显示出科学和数学课更容易采用翻转课堂，但我

图表1.5　参与调研者来自哪些国家

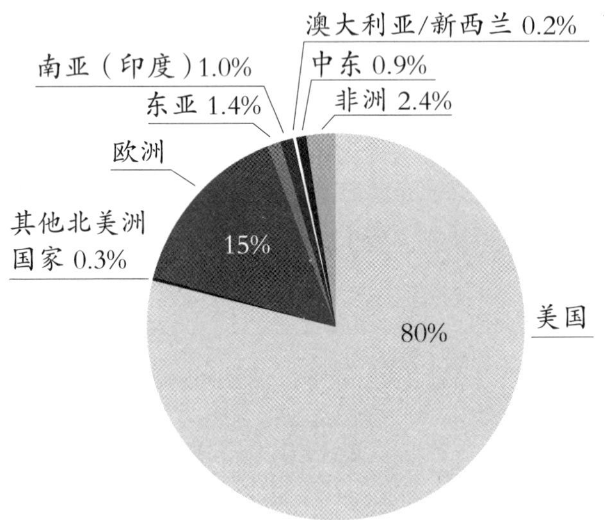

并不这么认为。我相信，通过重大修改，每一个科目都可以采用翻转课堂，这也是我和亚伦·萨姆斯共著《翻转学习：如何更好地实践翻转课堂与慕课教学》系列书籍的原因，这一系列丛书涵盖了教学的不同领域。

“如果在翻转课堂和较为传统的课堂之间进行选择，你会选择哪个？”学生对于该问题的回答请见图表1.8，大多

图表1.6　调研回复者的年级分布

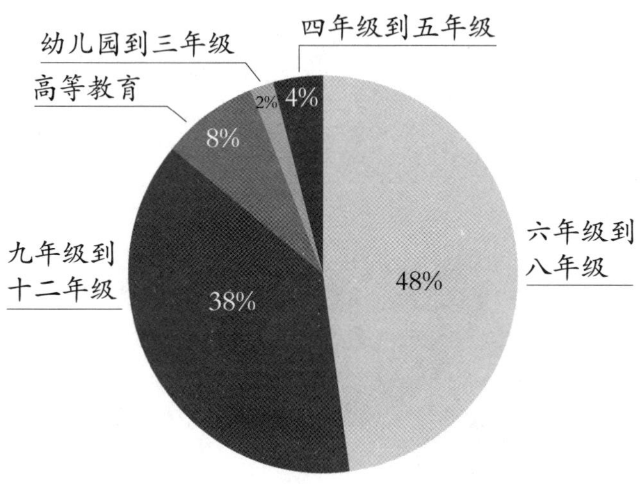

图表1.7　参与调研者所学科目

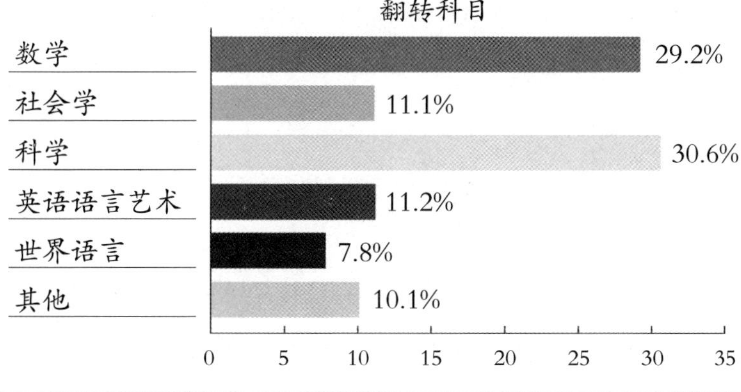

图表1.8　学生对于倾向传统课堂还是翻转课堂的反馈

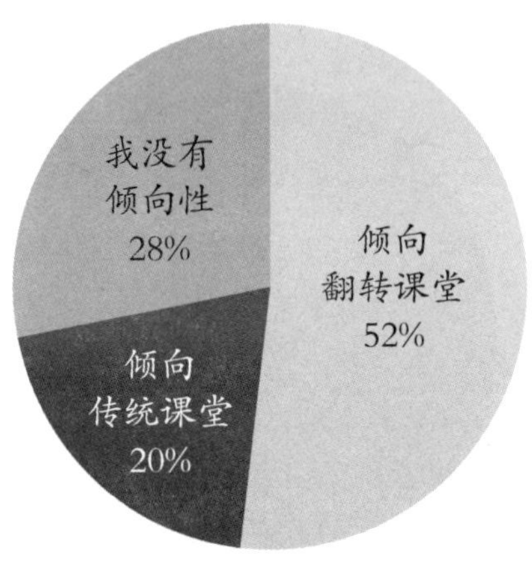

数学生更喜欢翻转学习或者认为两者都可。基于我在本书其他章节中引述的翻转学习的更多益处，我们应该深刻思考翻转学习这一模型。

屏幕时间和翻转视频

我有时候会听到这样的批评：孩子们已经在屏幕前浪费了太多时间（可能是看电视、看电脑或者打手机游戏），而翻转学习增加了孩子们看屏幕的时间。我对于该问题也很敏感，因为我认为孩子们以及成人在屏幕前确实花费了太多时间。学习需要浓郁且融洽的学习氛围，我想让学生们离开屏幕走到室外，做游戏、去创造、骑行，简简单单地做个孩子。这样一来，我要问的问题就是："翻转视频如何影响你总的屏幕时间？"我很惊喜地发现，在很多回答中，学生们用翻转家庭作业来代替了其他屏幕时间（见图表1.9）。

图表1.9　关于翻转视频对屏幕时间的影响，学生给出了以下反馈

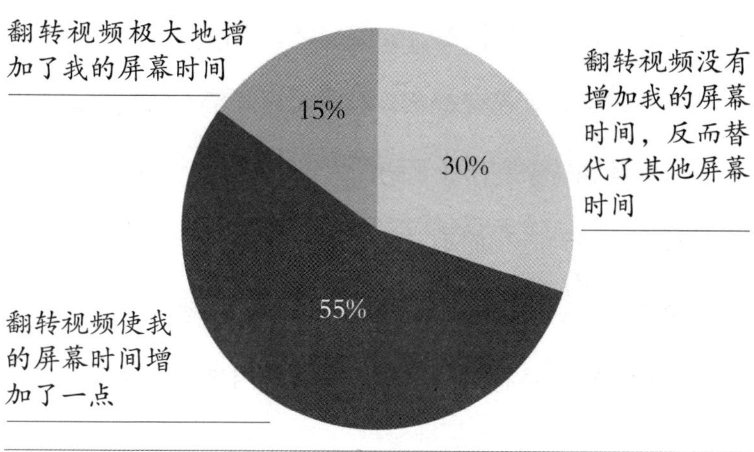

我的调查在结尾处设置了两个开放性问题，我请学生告诉我翻转家庭作业的优点和缺点。

缺　点

大部分的学生回答说翻转家庭作业没有缺点，其中一些学生对此非常坚持。但是很明显，学生对于翻转家庭作业还是有一些质疑，我们选了参与调查的2344名学生中的一些回答，如下：

- 如果我们感到困惑，要等到第二天或者需要一段时间才能找到教师答疑解惑，有时候视频帮不到我们，所以有时候翻转家庭作业真的让人很困惑。
- 在看视频时我们不能问问题，我们要给老师发电子邮件或者等到第二天上课这些问题才能得到解答。
- 有个缺点是有时候视频太长，我用来学习其他科目的时间变少了。

• 我是一个“即学即用”的学习者，因此翻转家庭作业无法让我在学校上课时那样获益良多。

• 一直把注意力集中于该学科是很困难的。

• 我必须要用电脑，而且我的Wi-Fi很糟糕。

• 如果我们不做作业，我们就不了解具体要学习的是什么内容，或者如果我们正试图做笔记但并不理解所记内容，那么我们就没办法通过另一种解释方式来进行理解（除非老师允许第二天就笔记问题提问，我们老师是允许的）。

• 有时候，如果我们不理解，就需要老师教我们。

回顾以上回答以及调查问卷的其他回答时，我发现，确实有学生在理解内容方面有困难，这说明了确保所有学生都能公平地使用翻转视频是多么重要，另一个重要话题是学生在首次接触教学内容时需要得到别人的帮助。在本书后面章节，我将更加详细地分享如何应对这些挑战。

优　点

那些认为翻转家庭作业有优点的学生给出了以下反馈：

- 我们在一天当中的任何时候都可以做作业。
- 在课堂上做作业时，可以就作业问题进行提问。
- 翻转家庭作业减少了我们的作业量，但却让我们更好地理解了学习内容。
- 我们可以先看视频，然后记笔记，最后做作业，这样一来，学习过程整体上变得更加简单，压力更小。
- 和老师整堂授课相比，我的注意力可以更加集中在布置的任务上，这样就能够以更好的节奏来学习。
- 如果不懂，你可以再看一遍视频。

- 课堂理解起来更加容易，家庭作业不会花那么长时间。
- 我们有机会在校内外做作业。
- 有时间去思考，这样容易完成作业和通过评估。
- 我们有更多的时间进行课堂讨论，老师能回答我提出的更多问题。
- 可以在课堂上做较难的事情，我能够准备一些问题向老师提问。
- 即使有疑问，我也能做作业，之后到课堂上再向老师提出问题，而不是根本没有能力完成作业。
- 在传统的课堂上，家庭作业就是一张很容易弄丢的纸。但在翻转课堂上，我们用的是电子家庭作业，只要我们方便使用电脑就能找到家庭作业。

学生们喜欢自己对学习具有更强的掌控力，他们喜欢能够停下来回顾一下老师的授课内容，他们喜欢更多地听到老师授课，他们喜欢以他们自己的节奏把握学习进度。调查表明，很多学生更喜欢翻转家庭作业。

我和世界各地翻转课堂上的学生们交谈时，值得注意的是他们很少谈论翻转视频。我发现下面三个话题经常出现：

1. 接触老师。学生需要老师的帮助，因为老师有更多的时间来帮助孩子，孩子们可以获得更多辅助。

2. 课堂活动更具参与性。课堂上时间更多了，学生们反馈说课上活动与学习紧密相连，这就使得翻转视频家庭作业变得有意义。学生意识到如果做作业，那么他们就可以做好准备参与课上有意义的活动。

3. 合作时间。在翻转课堂上，学生经常进行小组活动。通过和同学们互动合作，学生们能够找到想要的答案，学习过程也更有意义，他们喜欢和同学们一起进行小组活动。

很明显，翻转学习正和学生们产生共鸣，相比传统的学习模式，学生们更喜欢翻转学习。在我最近的一段电台节目中，我有机会采访卡洛琳·库尔班，她是位于土耳其伊斯坦布尔MEF大学的教学资源中心主任。MEF大学创始人易卜拉欣·阿里坎博士在研究用创新的方式进行授课时巧遇翻转学习，他让校长穆罕默德·沙因博士采访大学的教授，了解一下他们对于翻转学习的看法。他让沙因博士简单呈现翻转学习，然后让教授们发表看法。在论坛结束前，有大约80%的教授反对用翻转学习来作为一种教学方法。这个反馈让沙因博士感到很沮丧，之后他去见阿里坎博士以寻求更多的指示。阿里坎博士告诉他再办一次论坛，让大学教授们的学生也参与进来。结果差异显著，80%的学生想要体验翻转课堂。学生的愿望起了决定性作用，而MEF大学就在2014年开坛授业时成为了世界上第一所完全翻转的大学。

第 2 章

优质翻转家庭作业

布置有效的翻转家庭作业

翻转家庭作业通常的形式是老师录制一段时长较短的教学视频，学生在课前观看。翻转家庭作业也可以是一篇较短的具有互动性的阅读练习材料，学生在课前接触该材料。课前准备工作的内容取决于课堂、话题以及学生水平，准备工作实质上具有典型的介绍性质。例如，如果一位生物老师录制的视频是描述心脏不同瓣膜的功能和舒张收缩情况，那么准备工作可能是在课上活动中学生研究青蛙的心脏。再举一个例子：一位小学教师录制了一小段视频讲述如何在阅读材料中找出要点，而课上时间都用于让学生在不同阅读材料中找出要点。

翻转家庭作业如何改变传统模式

凯西·瓦特洛特发现了有效家庭作业的五个“特点”——目的性、效率、学生的主人翁意识（学习主动性）、能力和美学吸引力，瓦特洛特的总结是高效且有意义的家庭作业必备的黄金准则。瓦特洛特的总结触动我的是翻转家庭作业是如何作为一种理想的方法体现出她所认为的有效作业的特点的。让我们一起通过翻转家庭作业来逐条审视一下这些特点，着重看一下翻转家庭作业是如何真正改变传统模式的。

目的性

家庭作业必须有具体目标。如果学生觉得作业有意义，就更有可能参与其中完成作业，并且完成得更好。我认为人类都是有学习的渴望的，我们都有好奇心，通过输入和反馈得以成长。学生的感觉非常敏锐，他们在一英里之外就能感觉到作业没有目的性，为打发时间让人不闲着而布置的任务就失去了目的性。要吸引学生完成作业，就要尽量使家庭作业有意义。

如果你认为我生活在一个不现实的世界中，我想承认一个事实，不是所有的家庭作业都会看起来对每一个学生都有意义。不是所有学生都会喜欢我们所讲授的内容，有些孩子可能喜欢数学不喜欢文学，有些则相反。学习总是一件难事，有些学生想走捷径，不是所有的学习都是或者应该是“有趣的”。有时候，学生只是需要练习他们所学的内容来强化技能和知识，所以不要总是执着于使作业有趣这个问题。然而，要确保家庭作业具有目的性，所有的学生都想成功，即使是那些上自己并不感兴趣的必修课的学生也是如此。

翻转视频是学生接触低层次内容的一种方式，这样一来，课堂时间就可以重新用于进行更高层次的任务或者活动。翻转家庭作业将课堂时间转变为用于学习和参与的有意义的时间，翻转学习通过让课堂时间具有目的性和参与性，从而使家庭作业更有意义。

效　率

大部分传统的家庭作业需要花费很长时间，老师要求学生们在放学后还要花费很长时间来完成他们可能并没有完全弄懂的任务。正如前面所述，如果翻转视频录制得好，就不会很长。在第一章介绍的学生调查中，我问了三个关于翻转视频是如何解决有效性的问题：

1. 与非翻转课堂的家庭作业相比，翻转课堂的家庭作业花费你多长时间？一个有趣的发现是，虽然只有15%

的学生反馈翻转课堂的家庭作业耗时更长，超过半数的学生——52%的学生感觉翻转家庭作业花费的时间更少（见图2.1）。

图表2.1　学生对于翻转家庭作业和非翻转家庭作业花费时长对比的反馈

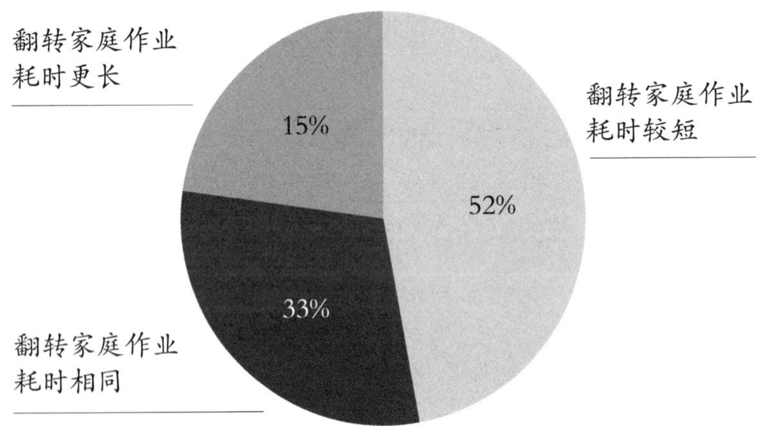

2. 你总共要花多长时间看翻转视频，包括暂停和记笔记的时间在内？对于这个问题的反馈（见图表2.2），再结合前一个问题的反馈，真实地表明了一个事实：家庭作业

花费的时间少了，家庭作业时间量可以预测。这个发现影响巨大，我们再也不用担心一个学生完成作业要一小时而另一个学生则只需要几分钟。

图表2.2　关于观看翻转视频所需时间的学生反馈

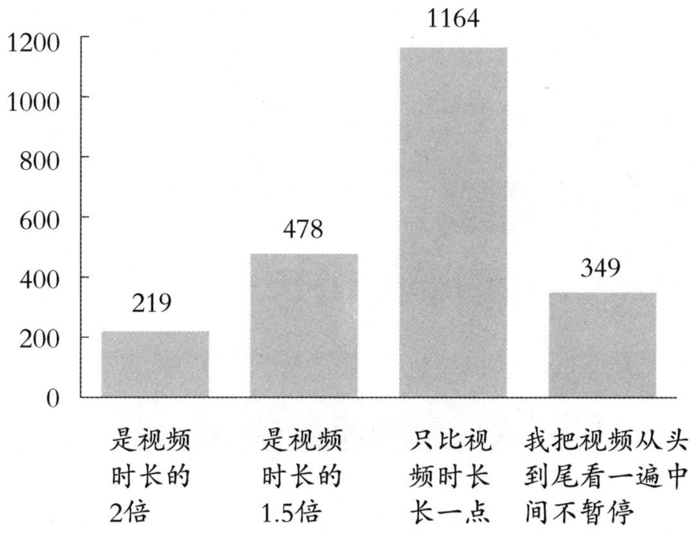

3. 平均来讲，你的老师布置的翻转视频是多少分钟？翻转学习的神奇之处并没有体现在视频上，然而，视频使

得教室成为了一个具有学习氛围和互动环境的地方。学生对这个问题的反馈（见图表2.3）让我得到鼓励，因为只有少数学生反馈翻转视频时间过长。翻转视频应该短一些，具有充足的信息量，一个短（微）视频能包含的内容量是惊人的。

图表2.3　关于教师录制的翻转视频时长的学生反馈

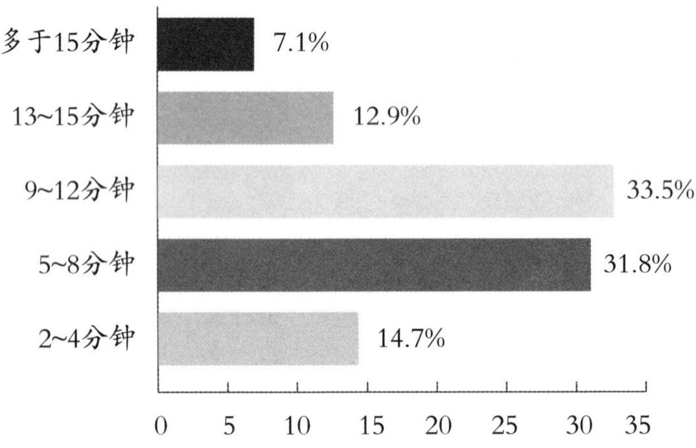

学生的主人翁意识

在理想的世界中，每个学生都会喜欢老师上的课。他们会对每个话题都感兴趣，积极主动地完全自主学习。然而，因为各种原因，有些学生并非在每堂上都有主动性。我们怎么才能获得学生的认同？怎样才能使学生在学习方面具有主人翁意识，积极主动地学习？

对于那些对课堂上的话题感兴趣的学生，主动学习是很简单的。立志成为作家的学生会很喜欢写作课，喜欢修补器具的学生会钟爱物理课，而喜欢讲故事的学生则喜爱历史课，但是碰到那些学生们不是很感兴趣的必修课怎么办？

人际关系　我认为，在任何学习经历中具有主动性的关键就一个词：人际关系。我们人类在有意义的积极人际关系的环境中能得到最好的发展，我们都与其他人有着固有的联系。我体验到的一件事就是翻转学习加强了老师和学生们的关系，进行翻转教学的老师们也无数次这样告诉我。不久之前，一位明尼苏达州高中数学教师特罗伊·福克纳在他岳母去世后给我写了一封电子邮件：

> 非常感谢您的祷辞。我想跟您分享的是，这段时间我的学生们一直都在关心我。在以往的从教经历中，我不记得在我有亲人去世时学生会有这样的表现。我不是很确定为什么学生们会关心我妻子和我，但是我想知道，是不是因为我运用翻转学习与学生进行一对一的教学，才使得师生关系有了这样的发展结果。

“学生只有在知道了你关心他们的时候，才会在乎你的所思所想”，这句流传已久的格言道出了真理。如果我们想让学生在自己的课堂上具有主动性，我们需要在教授知识的同时深入他们的内心。

让学生参与和学生相关且有意义的课堂 让学生在学习中具有主动性的另一个方面是使课堂具有参与性、和学生相关并且有意义。这是一个复杂的问题，因为每个来上课的学生都具有不同的经历和想法。翻转学习恰好能解决这个问题，课堂时间得以重新规划，学生在课堂上有时间去获得丰富且有意义的经历。我们作为老师会不自觉地教授一些为人处世的原则，因为在我们人生的某些时刻，我们所授内容已经深深吸引了我们，把我们俘获。我教化学课因为我热爱科学，深爱自然世界，我最不想做的事情就是使我的学生们厌恶我所喜爱的事物。

我摒弃了整堂课讲授知识点的授课方式，开始在课堂上展示科学的丰富性，这时我的学生中大部分人已经非常喜爱化学。我看见他们在走廊讨论化学、互助理解较难的概念，他们真正地参与到了课堂中。在学年末，我让学生做一个结课项目，我设计的项目涉及到一整年学生们学过的大部分话题。我用一页纸给学生解释了这个项目，给他们三周时间来完成项目。学生们上交了一篇加长的论文来展示自己的努力成果，这篇论文长达40页。之后，我对每一个学生进行访谈，我提问了高层次的概念性问题直指课程核心。在我开始翻转课堂前，我就设计了这个项目，我亲眼所见一旦课堂形式发生变化，结果就会产生巨大的不同。我注意到访谈中出现的最大的不同是学生能够在更深层次和我进行互动。我问的问题也更加深入，大多时候变成了更多是关于化学的对话，反而少了一些集中问答部分的感觉。我把这种转变归功于翻转学习，学生接受了困难的任务和学习的困惑，掌握了学习的主动性。

选择　我认为让学生进行选择会提高他们学习的主动性（见图表2.4）。我认同课程和学习内容，但是如果我们想要取得学生的认同，那么就让学生们在学习方面多一些选择。由很多聪明人组成的课程委员会决定了学生学习的重要内容，这些会议形成了我们现行的教学标准和期望值。在这个社会，我们应该期待所有学生学会一些事情并且他们都能做到，这一点我是认同的。但我在此的论点是，我们需要在学习方面给学生一些选择，这会提高学生学习的主动性，学生的兴趣可能在设定的标准和能力之外。我喜欢将其看成一个连贯统一体，一边是内容和标准，另一边是选择。

图表2.4　内容VS.学生选择

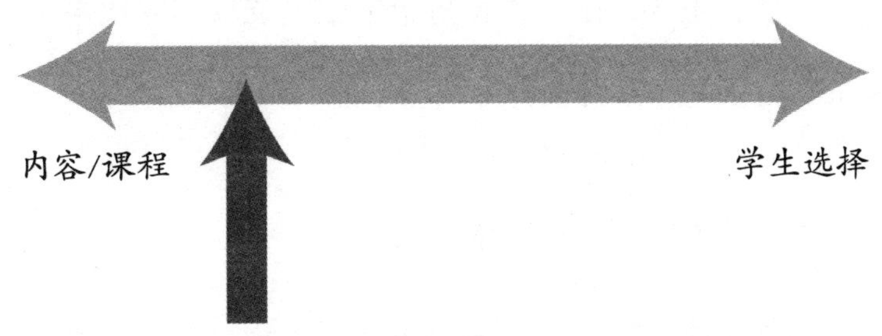

虽然我的学生中大多数人选择观看翻转视频并进行互动，还有一些学生选择用其他形式获取内容。我曾见到过的翻转作业使用方式例子如下：

- 允许学生观看老师录制的视频或者在线视频。
- 允许学生阅读教材来代替观看翻转视频。
- 允许学生参与在线模拟来替代观看老师录制的视频。
- 允许学生选择如何获取内容（例如，有些学生需要老师发放笔记结构，而有些学生则仅凭看视频就能够理解）。

总之，重要的是要根据每个学生的强项和弱项来决定在做翻转家庭作业时哪种方式对于他们来说是最好的。

能　力

大多数情况下，作业对学生来说太难了。我们作为老师，经常抱怨学生没有完成我们布置的家庭作业，之所以出现这样的情况，通常是因为我们让学生回家做的作业在他们的能力之外，他们无法完成。他们回家后可能试过，但是由于各种原因，他们既没有基础知识也没有专业知识来完成作业。然而，翻转视频是所有学生都能够看完的，录制得当的翻转视频会集中于低层次的认知内容。根据布卢姆教育目标分类法，我建议翻转视频应该仅仅涉及知识或者理解层次的内容，把应用、分析和高层次认知元素留到课堂上老师在场的情况下去进行。

最近我女儿的朋友在高中上翻转数学课，她告诉我她很喜欢翻转课堂的模式。我问她原因，她说 ：“我终于懂数学了。”我让她进一步解释一下，她告诉我她的家庭作业很简单，还有更好的一个方面是她能在课堂上就自己不理解的内容得到老师的帮助。

在第一章提到的对学生进行的调查中，我问学生 ：“翻转视频是怎样帮助你们理解课堂内容的？”我让他们运用下列这个从1到5的维度表来说明，1表示翻转视频使得理解变得更困难，5表示翻转视频使得理解变得更容易。如图表2.5所示，大多数学生感觉翻转视频帮助很大。

图表2.5　学生关于翻转视频和理解内容的反馈
（1表示翻转视频使得理解变得更困难，5表示翻转视频使得理解变得更容易）

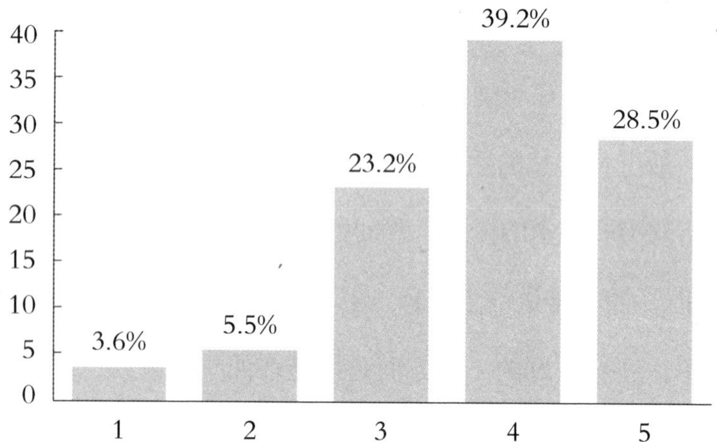

美学吸引力

在看优质家庭作业特点的调查时，我特别惊讶地发现还包括美学吸引力，作业看起来如何确实对学生来说大不相同。我们在第一章就提到的莫德林·多维奇告诉我，她的老师在学生们进入翻转课堂模式时，把课堂教学的游戏进行了“升级”。老师不再布置繁重且往往没有意义的家庭作业，而是提高家庭作业的质量和美学吸引力。我想，这是因为翻转视频是一个非常公开的学习目标，学生、家长以及难以计数的其他很多人都会对翻转视频进行评估。以我为例，我在YouTube视频网站发布教学视频后就开始从世界各地收到评论，我也因此受到鼓舞创作更高质量的视频内容。

莫德林也指出，当老师们把翻转视频和像谷歌论坛这样有反馈机制的工具相结合时，简洁的设计给人的直观感受就是看起来很好。她还指出，她的很多没有使用翻转课堂的同事布置的作业经常是外观简陋，毫无吸引力，学生们也注意到了这一点。既然现在的学生可以很容易获取很多高质量的学习内容，而且媒体知识丰富，学生因而具有了更高的期望值。无论你是否翻转你的课堂，作为老师，我们需要升级我们的活动，那么，我们就需要布置一些看起来美观且令人愉快的作业，以此促进学生学习。考虑到现如今使用高质量的技术工具不是什么难事，我们真的再也找不出太多借口。

马内尔·特伦奇是一位法国的美术老师，他组织的翻转课堂内容简洁美观，非常吸引人。

图表2.6　马内尔·特伦奇的翻转课堂内容

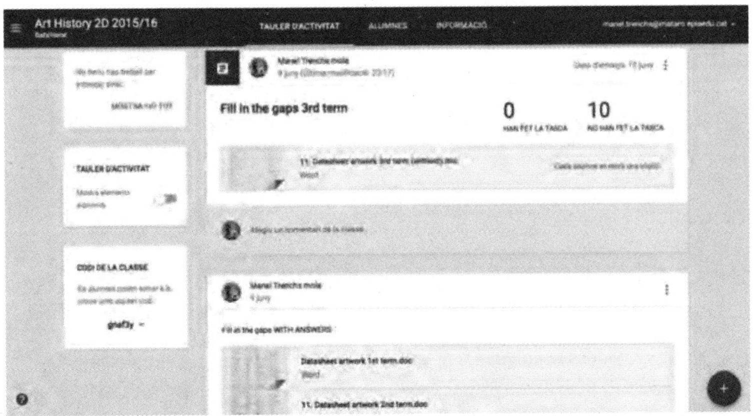

翻转家庭作业体现了家庭作业设计方面的一种规范的变革，同时翻转家庭作业也体现了有效家庭作业包含的一些最好的内容。下一章，我们将看一看在翻转环境下布置有意义的家庭作业的实际策略。

第 3 章

教师的翻转策略

翻转课堂不适合那些一时头脑发热的人，因为这既需要老师考虑到家庭作业又需要他们考虑到课堂时间，教师必然会面临新的挑战。本章聚焦于布置翻转家庭作业必需的独特策略，这些策略能使学生和老师顺利地实践翻转课堂。

让学生主动学习

事实上，不是所有的学生都做家庭作业。无论你是否翻转课堂，让学生完成家庭作业都是个问题。我的学生中有人不去完成翻转家庭作业，那么翻转视频就再也不是解决家庭作业完成问题的灵丹妙药。但是我可以说，与完成传统作业的人数相比，完成翻转视频作业的学生更多。下面是一些实际的建议，这些建议能使学生更有可能完成翻转视频作业。

让学生负责

学生们需要知道他们要对自己做的事情负责，让学生负责的一个方法是给观看视频制定一个分级策略。要求没有看视频的学生在课堂上观看翻转视频，而那些完成看视频作业的学生就可以在课堂上应用翻转视频中的概念，本质上来说是在做“困难的事情”。那些没有完成翻转视频作业的学生会很快意识到一个问题，从长远来看，他们完成家庭作业是更简单且更节省时间的。

从你的学生同伴处获得帮助

设计这样一个课堂活动：如果所有学生都完成了准备工作，那么这个课堂活动才能被学生完成。在这种情况下，那些没有完成必要功课的学生经常会面临同伴压力问题。在去英国的一次旅途中，我和一些学生谈论起那些没有完成翻转家庭作业的学生。他们告诉我，当一个同学没有完成自己的那部分工作，其他同学就要接过来做，因为他们不得不收拾“烂摊子”。

给学生家里打电话

给学生家里打电话，跟父母讲一讲为什么他们的孩子在你的课堂上表现欠佳。当我和父母们聊天并解释翻转视频作业的本质时，父母们都是非常支持的。

和学生单独谈话

和没有观看翻转视频的学生一对一谈话，弄清楚发生了什么事。多数情况下，只要指出翻转作业对于学生在课堂上表现出色是必不可少的，就能使学生们重回正轨。我相信大部分学生还是想要好好表现的，有时候他们只是生活中琐事繁多，这样一来，他们就把学校的事情排在了第二位，有人倾听对于学生的成功大有裨益。

在和学生的一对一谈话中，我经常发现，有些问题（例如课后工作或者家庭问题）阻碍了学生完成家庭作业。在一个案例中，我注意到学生正在努力挣扎。通过和他的接触，我了解到他已经无家可归了。然后我帮他和我们学校的一些心理健康专家取得联系，让他获得所需的帮助。如果这个学生是在我的传统课堂中（也就是非翻转课堂），我不敢肯定我能发现他痛苦的迹象并让他得到所需的帮助。

像这样的问题在我翻转课堂之前是存在的，但在实践翻转课堂之后，我开始关注学生，这更多的是因为我和学生们的互动增加了。对于我来说，更深层次的互动加强了教育中师生关系的重要性。

不要拯救孩子

很多教师犯了“保释”学生的错误，学生没有观看翻转视频就给他们做现场讲解，这会给那些完成作业的学生发出这样的信号：完成作业是没有价值的。不要因为没有太多选择而拯救学生。

使课堂更具参与性

我们要坚信孩子们真的想学习，课堂活动越具有参与性和相关性，学生会越愿意参与其中并且想要做准备工作。这样一来，设计一个具有参与性的课堂对于翻转课堂的顺利进行是至关重要的。

制作优质翻转视频

大多数使用翻转课堂的教师会用视频作为准备活动。下面这些是制作有效翻转视频的最佳实践方法：

- **简短**　翻转视频制做得好就会很简短。对于小学生来说，视频应该控制在10分钟之内。对于中学生来说，视频应该控制在15分钟之内。翻转视频应该高度聚焦于某一个特定学习目标，一个7分钟的视频要花学生大约10~15分钟来看完（因为学生要记笔记、回答问题、提问、暂停和重听，通过这些方式与视频产生互动）。
- **一个话题**　每个翻转视频应该涵盖一个话题。如果一堂课有多个部分，最好录制多个视频来强调这些话题。
- **互动性**　学生不仅仅要观看视频，他们还应该做一些与视频相关的事情，这是必不可少的。让学生记笔记、回答问题或者在在线工具上对视频中的某个提示有所回应（在本书后面的章节中将具体讨论使翻转视频具有互动性的各种方法）。

- **介绍性**　典型的翻转视频会介绍新内容，然后师生就此在课上时间深入研究。然而，有些教师将翻转视频概念进行了翻转，录制的视频用于讲课周期的中间环节而并非起始位置，教师在使用探究过程时尤为如此。

对于很多教师来说，视频是一种新的教学媒体。下面是录制具有参与性的翻转视频最好的实践方法：

- **尽量减少文字量**　教师经常犯的错误是翻转视频中包含太多文字。视频是一个视觉媒体，最适合用于图像和活动，不要只是把视频做成一个拥挤的幻灯片。如果学生需要阅读，那么布置阅读任务。我发现，在很多例子中，把教师的幻灯片替换成一个大的图形，然后用文字作为脚本，这种方法很管用。

- **不要单打独干**　在视频里，教师要有同伴。一位教师扮演专家的角色，另一位教师扮演勤学好问的学生。学生会觉得这种人与人之间的互动参与性很强，他们会记住更多的教师想要传递的信息。
- **特别注意视频的音质**　音质是翻转视频中的一个容易被忽视的技术细节。在大多数现代设备中，选一款优质话筒就足够了，但重要的是录制时要保持室内安静。
- **包含注解**　用触屏笔这类工具直接在屏幕上画将大大提高学生的参与度。有很多方式可以进行注解——App、外接书写板或者老师站在白板前录像，这是三个例子。
- **让你的声音更加活泼生动**　有些教师在录制视频没有

现场听众时会相对沉默。虽然自己一个人在房间录制视频时很难精力充沛、热情洋溢地讲话，但你必须记得你的学生听众，你正努力使他们参与进来。录制时，像学生在场时那样讲话，在你的翻转视频中增加一点幽默感、创造力和趣味性。

此外，在本书结尾处的附录中，我们将提供一张翻转视频清单。这张制作高质量翻转视频的清单包含了17个要考虑的项目，分为三个部分——技术活动、视频内容和其他考虑要素。

教你的学生如何观看翻转视频

观看教学视频不同于观看娱乐视频，学生本能地知道要如何去观看最新的超级英雄电影，但是关于如何观看教学内容，是需要你来教授的。我把这种不同比作读教科书和读小说的不同，这是一种必须教授的技能，教师必须在学年刚开始就教学生如何观看教学视频内容。罗斯·纳尔逊是得克萨斯州一位教授六年级学生的数学教师，他在教授这一过程时有一种行之有效的办法。他在开学的前两至三周在课堂上和学生一起看视频，通过下面三个步骤来引导学生，以确保他们从视频中能学到一些东西：

1. 观看、聆听和处理。学生观看、聆听并处理视频中的信息。

2. 暂停并记录。然后让学生暂停，记下他们在视频中的所见。这确保了学生在看视频记笔记时，他们另有机会来处理他们所见内容。此外，他们观看视频时记录了自己所学的内容，在之后的课堂实践中可以随时参考。

3. 对自己负责。最后，学生回答一个含有五个问题的教学评测。学生最低要达到80%的正确率并且展示自己的笔记，这样才能进入到每日任务环节，达不到最低标准的学生必须参加纳尔逊先生讲授的小组辅导课。

作为一位高中教师，我最开始的几天都在教学生如何与教学视频互动，我的方法和纳尔逊的方法类似。然而，由于我的学生比纳尔逊的学生更成熟，我花了最少的时间来教他们这个技能。正如纳尔逊所做的，我确保学生做这项活动的一个关键是强调他们需要在没有干扰的环境下做翻转视频作业（因为学生很难在学习的同时还要兼顾分享照片、发短信和看电视）。花时间教学生如何观看并与教学内容互动是非常有用的，这能够帮助学生成为自我引导的学习者。

不要加重学生负担

一些教师往往会犯的一个错误是用翻转课堂加重学生的负担，因为他们同时布置了看视频和传统的家庭作业。我的经验是这样做会使翻转课堂模式脱离正轨，我强烈反对教师利用翻转课堂加重学生负担并侵占学生家庭生活时间。通过介绍新内容而并不是期待学生凭空去应用和分析内容，这是使用翻转视频作为家庭作业带来的价值。如果使用视频来翻转课堂，这个视频应该代替教师之前布置的家庭作业而不是增加了家庭作业。在第一章中引用的调查中，一些学生提及观看翻转视频是额外的作业而不是替代作业。

录制互动视频

我们的目标不是让学生看视频，我们的目的是使学生与视频内容互动，这样能使他们为获得更具参与性的课堂体验做好准备，创造系统来鼓励学生互动是至关重要的。下面是教师可能会用到的提高翻转视频互动性的策略：

- **先行组织者材料**　这种材料可以是像填空一样简单的

"指导下的笔记清单"，这是一种康奈尔式的笔记模板，或者是一页带有必要图表和问题并附带二维码的单子，这个二维码能够指引学生打开在线视频。

- **3-2-1策略** 学生记录从视频中学到的3样东西、关于视频内容的2个问题和1个遗留问题。在课上，学生汇报学到的3样东西，和同学就彼此的2个问题进行互动，并且和老师分享自己不理解的1个问题，觉得自己完全掌握了内容的学生要总结一下自己学到的内容。

建立互动的方式有很多种，同理，每个老师都必须找到一种最适合自己的工具。发掘一种在任何一节课上都最管用的工具取决于很多因素，每个老师必须找到最适合自己的互动技巧、工具及系统的组合。

创造VS.策划

谁应该录制翻转视频？老师们应该在网上寻找资源还是自己开发内容？虽然我对这个问题并未潜心研究过，但是我从教师那里听说，当他们自己制作视频内容时，学生的参与度和出勤率都有所增长。教师亲自制作的视频效果更好，这是因为教学本身就是与人类互动息息相关的，对于在线视频，学生既不认识制作在线视频的人，也与制作的人毫无关系。教师最了解学生，一位教师在最近的一次会议上总结道："要在Youtube这个视频网站上寻找完美的视频，我可能要花很长时间，或者，不如我自己做一个。"这并不是说你从来都不应该使用外部资源，但我们默认的是，教师是内容的第一制作者。

教师和家长共同参与

翻转视频并不是让家庭作业对学生更有意义的唯一方式。我特别喜爱的一种方式是，教师和家长共同参与作业——TIPS（Teachers Involve parents in Schoolwork），TIPS是已经证明通过学生让家长参与到家庭作业中能使家庭作业变得有效的一个项目。

作为一名科学教师，我在前同事马克·帕特里西奥的工作基础之上，让学生回家做实验。马克是美国奥罗拉大烟山高中的一位获过奖的科学教师，他设计过的实验，学生可以使用简单的家用设备在家完成，马克意识到人们在必须教授他人时学得最好。这样一来，我们期待的是学生进行家庭实验后将结果解释给家长听。这些不仅有助于学生获取丰富经验，还能让家长参与到孩子的教育之中。后来我们收到了一些家长寄给我们的感谢信，其中更多是来自我们给学生布置了家庭实验作业的家长，而那些布置了其他作业的学生的家长较少有感谢的反馈。

另一个TIPS作业的例子来自于《TIPS教师手册》。书中的作业包括了让学生询问父母孩童时代最流行的发型是什么，这种发型是否得到长辈的认可，并说明原因。老师设计这个作业是为了让学生写一篇比较和对比的文章。

将学习延伸到家庭

学生需要看到在校学习内容是如何应用于日常生活中的，将生活的不同方面结合在一起对学生来说作用是非常大的。例如，在小学课堂上，教师可能让学生在家里写下以一个星期中某一天的英文字母开头的单词，或者教师可能让学生拍一些物品的照片，这些物品的形状他们是在学校学过的。虽然这样的作业都属于布卢姆教育目标分类法中的应用级别，但确实对大部分学生来说都是切实可行的。

让课堂时间更有意义

虽然本书是关于家庭作业而非课堂作业，但是我觉得，如果你想提高家庭作业的价值，你能做的最重要的事情是提高学生在课堂上的参与度和互动程度。因此，你制作视频，布置视频作业并且让学生与视频互动。非常好！现在，你要在课堂上做什么呢？这不是一个容易回答的问题，因为高中英语教师和小学艺术教师要做的课堂活动是大相径庭的。关于这个话题，我给出的最佳建议就是回答这个问题：如何最佳利用面对面的课堂时间？

我们一起来看我看见教师们在课堂上运用的几个策略，这些都是他们刚刚布置了翻转视频家庭作业后在课上使用的。

同伴教学法

同伴教学法是哈佛大学物理教授埃里克·马祖尔设计的一种学习系统。马祖尔对传统的授课模式不满意，他想让学生深入理解他所教授的概念。他的学生在家里学习基础概念，在课堂上，马祖尔引导他们进入同伴教学阶段，包括以下几个步骤：

1. 教师基于学生对课前阅读材料的反应提出问题。

2. 学生仔细思考该问题。

3. 学生写出自己的答案。

4. 教师检查学生的作答。

5. 学生和同伴讨论彼此的想法和答案。

6. 学生再次写出自己的答案。

7. 教师再次检查作答，决定在进入下一个概念前是否需要再进一步解释。

一个好的同伴教学练习包括了高阶思考问题，学生在课堂上一起为此努力奋斗。这个方法是个人责任和团队工作的结合，能帮助学生深度参与和深入学习。想要了解更多关于同伴教学的信息，我鼓励你阅读马祖尔博士的书《同伴教学使用手册》。

天才一小时

我们看到使用翻转课堂的教师所采用的最令人激动的一个方法就是天才一小时（有时也称为激情项目或者20%时间），天才一小时的想法可以追溯到像谷歌这样的公司使用的一个实践活动。在这个方法中，允许员工将自己工作时间的一部分用于自己有激情的项目。当把这种方法应用于课堂时，教师将重新获得的课堂时间的一部分从翻转教学转移到激情项目上。一位典型的使用翻转课堂的教师每周有五节课，其中每周有四天教学时要使用翻转教学方法，再让学生将每周一天的时间用于激情项目。

我在观摩使用天才一小时的教师的翻转课堂时，我对学生的创造力和兴奋程度感到很惊讶。我看到学生设计汽车、制作磁流体、设计燃料电池、创作原创音乐、写短篇小说、研究人类大脑等，学生的好奇心和兴趣是很多教师所处的以考试为动力的文化中所缺失的东西。

项目和基于项目的学习

教师们认识到，更大规模的项目是学生成长的强有力工具。项目的开放性允许学生就其学习的某些方面进行深入探索，为更高的创造性和参与性留有空间。然而，项目的运行是比较消耗时间的，如果教师舍弃宝贵的课堂时间用于做项目，很可能课程中的某些部分就会讲不完。在这种以考试为重和责任风险较高的时代，一些教师会选择在课上少做一些项目。翻转教学的理想之处就在于留给老师更多课上时间来做项目。

尽管课堂上教师总是让学生做项目，但基于项目的学习（PBL）还是与之完全不同。约翰·梅根多勒是巴克教育研究所副所长，该所是世界领先的基于项目的机构，他向我做出了最好的解释。约翰说，在大部分学校，项目相当于甜品，但在真正的PBL当中，项目是主菜。翻转的PBL课堂上，翻转视频不会提前让学生看到，相反，学生要先做手头的项目，然后当他们需要时才去看视频。这样，视频是安排在学习周期的中间而不是开始。

掌握能力为本的教育

我认为最好的教学方法之一是熟练掌握。最近掌握活动迅速增多，现在被重塑成能力为本的教育。能力为本教育的要点是：

- 学生表现出对知识的熟练掌握，以此逐渐进步。
- 能力包含清晰、可测量、可转移的学习目标，这些目标能够给学生动力。
- 学生根据他们个人的学习需求获得快速并有差异化的辅助。
- 学习结果强调能力，这些能力包括了知识的应用和创造，以及重要技能和性格的培养。

在我看来，掌握为本的教育有两大逻辑挑战：

1. 找到直接授课的合适时间。因为直接授课是在同一时间面向一大群学生，这使得掌握变得困难。没有掌握的学生过早获得了信息，而已经掌握的学生会感到厌烦。

2. 评估。在真正的掌握体系中，很难管理在不同时间接受评估的学生。

2008年，我和亚伦开发了我们称为翻转掌握的模型，该模型解决了这两大难题。在直接授课时，每个学生在为课堂内容做好准备后再观看翻转视频，评估问题通过使用现在人人可得的测试软件得以解决。

我在教育方面做的最棒的一件事就是翻转掌握知识的过程，这是一种管理真正掌握知识系统的方法，能为学生提供个人反馈，给予学生所需的挑战。这种方法可以差异化对待每个学生，并且为所有学生提供恰当的反馈。关于翻转掌握的细节，请阅读《翻转课堂与慕课教学：一场正在到来的教育变革》。

第 4 章

评估与评分

翻转家庭作业是对传统家庭作业定式的一种改变，是高效家庭作业应该有的样子，因此，教师如何评估翻转家庭作业以及如何评分都需要重新考虑。

翻转学习改变了我看待评估的方式。在我教师生涯的前19年，我用传统方式教学，用传统的评估和评分方法。我讲课，然后让学生们做笔记、做实验，在每个单元结尾时给学生进行纸笔测试。我评分时用百分率量表：正确率90%以上的学生得A，而那些正确率低于60%的学生不及格。然而，当我率先进行翻转学习时，一切都发生了变化。

首先，我意识到这个模式是让学生在家观看视频。其次，很明显很多学生看翻转视频，但并不能从中顺利地学到东西。然后，我开始反思形成性评估。最后，我意识到我需要重新考虑我的评分方式。

互动是主线，贯穿了我转变家庭作业模式的始终。我需要学生与视频内容进行有意义的互动，这种互动方式能使他们顺利地进行课堂学习。本章主要阐述的策略能使教师更好地获得形成性数据，使用这些数据来进行差异化评估和评分，以适应翻转教室环境中教学的独特本质。

让学生负起责任

在我翻转课堂前，学生在我讲课过程中记笔记，我很少对此评分。我认为如果学生在记笔记，那么他们就是在参与和学习。然而，由于翻转课堂模式是让学生做准备工作，我认为有必要来确定他们是否在看视频。首先，我寻

找了技术方面的解决办法，以确保学生看了视频。但当时的技术追踪工具使用起来还并不方便，因此，我就在学生走进教室后检查他们的笔记，然后给个分数。然而，这样一来，出现了意料之外的结果，我记录的成绩单数量翻倍了。这些额外的记录是值得的，因为这能使学生对自己的翻转视频作业负起责任。从那时起，我拜访了世界各地很多教师，这些教师中很多人并不会每天检查学生的记录，他们把课前准备工作的自主权教给了学生，期望他们能完成。我的建议是你自己决定何种评估方式最适合你的学生，如果没有一个固有的评估系统来检查学生家庭作业的完成情况，大多数学生会对自己负责吗？或者说他们需要附加的责任吗？我个人认为，在大多数情况下，教师都应该检查学生的翻转家庭作业。然而，我看到过在一些案例中学生不需要有那种程度的责任。

启发互动性的技术工具

随着翻转模型和技术的进步发展，学生现在能够通过各种在线工具与视频互动，并对视频加以反馈——有些工具在学生观看视频后搜集信息，另一些工具在视频观看过程中搜集信息。像谷歌论坛、在线评估系统和大多数学习管理系统这样的工具都具有小测验功能，这就让老师可以立即获得学习反馈。这些工具通常的形式是让学生在观看视频后回答简短的测试题或者问卷，虽然这些工具不会追踪学生观看视频的时间，但很多教师觉得这些工具对获取学生理解和参与方面的形成性反馈非常有帮助。

印第安纳州化学老师丽贝卡·切尔夸使用谷歌论坛来确定学生对翻转视频中所呈现信息的理解程度（见图表 4.1）。该数据来自丽贝卡的问卷，然后进入自我评分电子表格，从表格中，她能够得到关于学生理解的即时反馈（见

图表4.2）。

图表4.1　判断学生对翻转视频内容理解程度的问卷

下列对于pH中“p”的解释的最佳选项是？

- 正的
- 功率
- 标准溶液

H+ions指的是

- 电子
- 中子
- 质子

用你自己的话来定义pH

简答：________________________________

水既有酸性又有碱性

- 正确
- 错误

很多新的在线教育服务，例如EDpuzzle互动式影音教学平台、微软的Office Mix以及Playposit在线课堂教育视频分享平台等，包含了教师可以把问题添加到翻转视频中的一些工具。这样一来，视频可以暂停，然后要求学生回答视频中的问题或对某个提示做出回应。

图表4.2　自我评分电子表格

	A	C	D	H	I	O	P
2	Summary:						
3	4	Points Possible	4	Average Points	3.60	Counted Submissions	24
5	Name	Total Points	Percent	Question 1	Question 2	Question 3	Question 4
14		3	75.00%	1	0	1	1
15		3	75.00%	0	1	1	1
16		4	100.00%	1	1	1	1
17		4	100.00%	1	1	1	1
18		4	100.00%	1	1	1	1
19		3	75.00%	0	1	1	1
20		4	100.00%	1	1	1	1
21		3	75.00%	0	1	1	1
22		4	100.00%	1	1	0	0

Student Submissions　Grades

这些服务为教师们提供了分析方法，让他们可以判断哪些学生观看了视频，每个学生看了多长时间，哪些问题回答正确，同时这些服务还可以提供关于视频的论坛。

图表4.3是来自EDpuzzle的一张电子表格，其中包含了完成翻转视频的学生姓名以及他们回答视频中提出的问题的分数。

图表4.3　完成翻转视频的学生姓名及分数

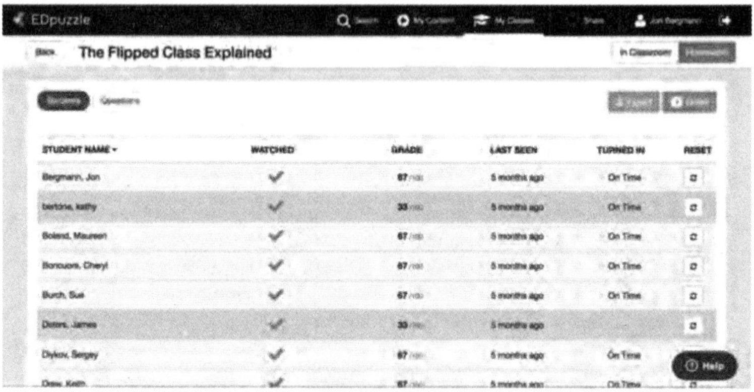

先行组织者材料

很多教师制作先行组织者材料（先于学习任务本身呈现的一种引导性材料），学生在和翻转视频互动时，必须完成这些材料（因为某些学生需要额外的学习任务框架来帮助他们理解内容）。学生在观看翻转视频时会用到先行组织者材料，这时，由于相关的图表可以放入先行组织者材料中，学生与视频互动的时间就会缩短。此外，先行组织者材料可以让教师更加快速地评估学生的笔记质量（因为格式是统一的）。反过来说，先行组织者材料强制学生以某种具体的方式与翻转视频互动——这对需要学习任务框架的学生大有裨益，但也抑制了那些没有需求的学生。

总之，教师需要评估自己的学生、自己的教学内容以及自己的教学风格，以此来确定先行组织者材料是否对自己的学生有所帮助。我发现我的大部分学生对先行组织者材料反映良好，我也允许那些觉得受限制的学生用其他方式与视频互动（一些学生只是简单地看视频，有一些学生用自己的方式记笔记，还有一些学生想要和我就视频内容进行简短的个人或小组谈话）。

丽贝卡的学生使用带有二维码的先行组织者材料，这些二维码连接相应的翻转视频（见图表4.4）。

图表4.4　带二维码的先行组织者材料

16.1　溶液讲课笔记

要求

1. 观看本次课的翻转视频；
2. 在看视频的同时，完成这个作业清单；
3. 然后完成谷歌论坛“16.1 视频课问答”。

16.1　溶液属性

影响物质如何溶解的因素：

1. ______________________________
2. ______________________________
3. ______________________________

给溶解度下定义。

解释溶质和溶剂的区别。

填写汇总表

尼古拉斯·班尼特是美国弗吉尼亚州的一位数学教师，他要求自己的学生既要记笔记也要在看完每段翻转视频后填写汇总表（见图表4.5）。这类组织材料会帮助学生消化所学内容，帮助教师追踪学生对翻转视频的理解情况。

图4.5 汇总表

Name:____________ Date:__________ Period:________

Monday	Video Title:____________ Summary:____________ ____________ ____________ ____________ ____________ Was the video helpful: Yes / No If not, explain: ____________ ____________ ____________ ____________	Video duration: ________ Parent/Guardian Signature: ____________ (sign above line) Score: ____/____

让学生做纸质笔记还是电子笔记

当学生在看翻转视频记笔记时，是应该让他们记纸质笔记还是记电子笔记？最近的一个研究调查分析了记纸质笔记的学生和记电子笔记的学生的表现。在这个研究中，所有的学生都观看了一个TED视频，一半的学生记了纸质笔记，而另一半学生用笔记本电脑记了笔记。用笔记本电脑记笔记的学生总是逐字记录讲座内容（研究者给出了理论支持，这是因为学生打字速度比写字速度快），在纸上记笔记的学生写得少就必须概括内容的含义。随后学生们就所学内容进行一个简短的考试，考试结果显示，用笔记本电脑记笔记的学生和在纸上记笔记的学生之间有显著区别：虽然在回答事实类问题时两者并没有在分数上相差太多，但在纸上记笔记的学生在回答概念应用类的问题时得分明显偏高。

贝丝·霍兰德对此研究提出争议，认为学生应该被教导怎样记下适量的电子笔记。她认为，电子笔记与纸质笔记相比具有以下优点：

- 更容易搜索查询。
- 更容易分享。
- 帮助学生应对笔记的执行性功能的挑战。有多少学生弄丢了记有笔记的纸？另外，该研究针对的是大学生而不是七年级学生。

所以应该选哪个呢？学生应该在纸上还是以电子方式与翻转视频互动呢？我的建议是所有的老师都使用电子工具来追踪学生的观看率，视频中也穿插问题，这样就使教师了解学生理解情况的实时信息并能够更好地体现课上活动的差异化。但是这还不够，学生还需要一个以有意义的方式处理信息的场所。对很多人来说，纸质笔记是唯一选择，因为很多学生没有设备来记电子笔记。但对那些具备先进技术设备的学校来说，如果教会学生如何记电子笔记，那么电子笔记可能是更有优势的。

用翻转视频问题检查学生对学习内容的理解

用之前提到的技术工具来为视频添加问题是制作翻转视频的最好做法，但是教师要在视频中多久问一次问题呢？问什么类型的问题？我们来回顾一下，高效翻转视频的关键在于视频在本质上是介绍性质的。从布卢姆教育目标分类的角度，视频是在知识和理解层面进行教学的方式，因此，添加在视频中的大部分问题应该集中在检查学生的理解程度上，学生的回答能够体现老师的教学方法和学生对内容理解程度的差异。

我认为，翻转视频从头到尾应该包括一个开放性问题（比如，“你想知道什么”、“哪些内容你不理解”、“视频内容是如何与x相联系的”），或者一个引导学生更深入学习的问题。克里斯多夫·布雷迪和詹姆斯·普拉扎在伊利诺斯州教社会研究，他们在视频结尾添加了问题。在观看了关于一战起因的视频后，他们让学生思考问题“美国为什么要加入一战”，他们在视频中问这个问题是为课上做准备的。

课上的重点是讨论更深层次的问题，让学生带着最初的想法和问题来到课堂上是丰富课堂讨论的催化剂。

获取每个学生的学习需求

从翻转视频中搜集电子信息的一个好处是让教师通过搜集到的数据了解学生对学习内容的理解程度，这些数据是老师授课的强有力工具。当我按传统方式授课时，我经常问全班的学生他们是否理解了，反馈常常是不一致的。一些学生清楚地理解了这个话题，有些学生正在努力理解，还有些学生跟我说他们理解了，事实上他们严重曲解了概念。但现在有了个性化的工具可以使用，教师就能知道并且获取每个学生的学习需求。其优点是在学生走进课堂前，教师就知道了这些信息。教师一旦掌握这些信息，就能用以下方式来帮助学生理解：

- 教师能够帮助挣扎求学的学生。当教师发现学生理解有差距时，就能锁定那些需要帮助的学生。
- 教师能够锁定一些最基本的错误概念。通常没有回答正确的问题表明学生存在理解上的差距。
- 教师能够知道哪些学生能够进步。你是否曾经讲过大部分学生已经理解的东西？假如你从翻转视频的数据中发现所有的学生都已经理解了学习内容，那么就不要浪费时间再教一遍。

这些数据除了让老师了解自己的教学方法外，也体现

了学生对学习理解的差异。拉斯·特里布尔是得克萨斯州的一位小学六年级数学教师，他要求学生看一小段视频，在先行组织者材料上记笔记，然后在谷歌论坛上回答几个问题。课前，他评估学生的回答，然后把学生分成两组，指导正确率达到80%或者更高的学生立即开始课上活动，而那些低分的学生要上一个迷你辅导课。在辅导课中，学生可以练习，弄清楚自己疑惑的问题，并且获得直接指导（通常所有学生都需要直接指导来开展课上活动）。我在观摩他的课时，发现30个学生中有7个人需要额外的辅助，这样，他既能满足挣扎求学的学生的需求，又能满足已经准备好立即参加活动的学生的需求。

让学生主导课堂

我最近在伊利诺伊州鹿原观摩了柯克·汉弗莱斯七年级的翻转数学课，他开始翻转课堂的方式让我印象深刻。

大部分翻转课堂教师开始上课时会回答翻转视频的问题或者给学生一个小测试，而柯克两样都没做。他坐在班级后面，让学生掌管课堂。第一个学生站起来，拿起白板笔讲述了自己学到了什么。过了一会儿，另一个学生举手。第一个学生把马克笔给第二个学生后，第二个学生开始分享。然后另一个学生问问题，全班看向柯克，希望他来解答，然而，柯克把问题抛给全班学生，问学生中是否有人知道如何回答同学的问题。另一个学生跳了起来，他接过课堂主导权帮助同学解答了问题。这10分钟，我坐在那里为一群13岁的学生将数学讨论得如此之妙感到惊讶，这简直是个奇迹。学生抓住了学习的主导权，一起来消化学习的内容，柯克只是在必要时干预一下。

让学生提出问题以激发他们的好奇心

作为一位科学教师，我鼓励学生对自然世界产生好奇。宇宙中，小到最小的粒子，大到整个银河系，都是奇妙而美丽的。学生天性好奇，学校应该开发学生的这一原始动力。要评估学生对翻转视频的理解，我的一种方式是让学生在翻转视频笔记中写下一个问题，这个问题必须是他们不知道答案的，我鼓励学生写出激发好奇心和探索欲的问题。

在课堂上，每个学生以小组形式或者个人形式和我交流几分钟。在我们的简短谈话中，学生首先向我展示他们全部的笔记（责任），然后他们问我问题，这可能是唯一一个我和学生一起做的收获最大的活动，原因如下：

- 每个学生问一个问题。我在用传统方式授课时，只有少数学生参与到问题中。但当每个学生都和我私下交流时，问问题的本质就提高到了一个新的层次。
- 问题能暴露出理解的差距和理解错误的东西。学生的问题通常能揭示出理解方面的差距和理解错误的东西。在我鼓励学生问问题之前，理解差距和理解错误的东西通常是很难确定的（在很多情况下，学生认为他们知道了一件事情，但实际上他们并不知道）。每天和学生接触能够让我快速弥补差距，澄清他们理解错误的东西。

教会学生从翻转视频中提出高质量的问题有时会是一个挑战。我印象中有一个女孩子只问与视频中清楚阐述的话题相关的问题，她总是努力问更深入的问题，很快她就进入了惊讶和好奇的境地。然而，随着她每天几乎都问我问题，她有了进步，到了学年末，她已经进步显著。

评分方式

如果你想和教师来一场争论，那么就讨论一下评分方式。评分是教育界最有争议的话题之一，一些教师信奉严格的评分制度，一些教师则信奉以标准为基础的评分制。一些教师不接受迟交的作业，而另一些教师则给学生留有退路。翻转家庭作业是怎样改变评分方式和系统的呢?

在很多方面，布置了翻转家庭作业，评分方式就无须做出改变。给翻转家庭作业打分，就像给其他作业评分一样。当我在2007年首次翻转课堂时，每个视频我给10分，并在打分册上认真记录下来。我一直坚持记录学生上交的所有材料，惩罚晚交作业的学生，调动落后孩子的积极性。但是后来我做了一些改变，我开始更全面地看待学习。我看到学生需要更加个性化和具有指导性的东西，然后我阅读了一些关于百分比评分体系问题的文章。道格拉斯·里夫斯写的一篇文章让我确信，给学生作业打0分是对学生的伤害。随后，随着我率先实践翻转—掌握模型，我倾向以标准为基础的评分系统。在我和世界各地无数翻转课堂教师的接触中，我看到了相似的转变。大部分人开始时使用传统的评分系统和定式，但随着他们掌握了翻转课堂的方法，并将其视为一种哲学而非一种技巧时，他们的评分方式也改进了。他们将学习视为教育目标，而不是紧盯着评分。因此，在翻转学习时使用传统的评分方式也是可以的，但是我想推动那些像我一样困在传统定式中的教师们。请牢记这句话：随着你在翻转学习的路上越走越远，你也会重新思考传统的评分方式。

学生如何评估你的翻转课堂

定期做一下民意测验，看看学生对你设置的翻转课堂有什么样的理解，哪些方面让他们受挫以及他们的看法，这个过程很有用。不出所料，学生常常会给出最好的反馈，而这些能鼓励你成为一位更好的老师。我常常让学生告诉我，关于翻转课堂他们喜欢什么，不喜欢什么。例如，当我第一次用网络摄像头让自己出现在录制的翻转视频中时，

学生们告诉我他们很喜欢，因为我不再只是一个嵌入视频中的声音——我是他们的老师。关于如何更好地评估学生、如何更好地组织内容、如何更好地利用我的学习管理系统的某些方面，我的学生给了我很好的建议。我通过和他们一起上课时简单地寻求他们的反馈、搜集他们的回答，也会通过每个学期末发给学生的调查材料来搜集学生反馈信息。本书的附录中附有调查样本，可以用来作为一个指南，帮你制作你自己的调查。

第 5 章

适合学校、管理层和父母的策略

家庭作业不仅仅是教师和学生的斗争，同时也影响着父母、管理层和整个学校的氛围。个别老师翻转课堂，让家庭作业更有意义和高效，这很好，但是我们怎样才能让翻转课堂得到大范围的使用呢？学校怎样才能使父母参与其中？领导层能为翻转课堂做好示范吗？为了使翻转学习的效果达到最佳，需要配置什么样的系统？

认真制定一种新的作业策略

我曾经供职于我所在学校的家庭作业委员会，在其中一所学校，我记得有一个令人很痛苦的会议，其目标是确定每个年级的每个孩子在每个学科上要花多少分钟用于家庭作业。这个会议是有争议的，因为老师们总是想要证明为什么自己可以比别的老师多留作业。在会议结束时，每个学科和每个年级都会分配一定分钟数的家庭作业，这在某种程度上是非常令人困扰的。呼声最高的教师能够留更多作业，而胆小的教师则只能少留作业。教师的需求被摆在了第一位，而好的教育方法在会议谈话中却并未被提及。

但愿并不是所有的家庭作业委员会会议都像我参加的这个会议一样不起作用。根据时间分配家庭作业纯粹是头脑发热的做法，这是因为没有一位老师能够说出每个学生做作业需要多长时间。如果数学老师布置了10道题，学生需要10分钟完成，另一位老师的作业学生要花20分钟完成，还有一些老师的作业可能要一个小时才能完成。如果教师用传统方法教学，那么根据作业需要的时间来布置作业的策略就是徒劳。计时策略惩罚学得慢的学生，这些学生通常在家里得不到父母帮助，那么他们就会越来越差。

翻转课堂视频的好处在于时间是已知的，这些教师制作和策划的简短视频时间量是已知的。当老师布置了翻转视频作业，制定一种以时间为基础的新型家庭作业策略就变得可行了。如果翻转视频时长8分钟，那么作业计划在12~14分钟。就是这样！对老师来说，翻转视频家庭作业是一种很简单的方式，可以精确知晓学生要花多长时间来做作业。现在，家庭作业委员会会议可以用来讨论布置优质家庭作业的方法，而不是用来争论学生做家庭作业的时间，或者很可能要取消这种会议。

实践翻转学习的方法

我认为，学校要实践翻转学习需要一种系统的方法。

虽然一位教师可以在没有管理层支持的情况下在课堂上实行翻转学习，但这不是学校教育的理想状态。学校尤其是学校领导应该搭建好技术设施，以便学校最大程度地顺利采用翻转学习。

我咨询过很多学校，注意到了一点，主动执行翻转课堂模式的学校发展相对顺利。因为翻转学习最开始是一种草根运动，第一批采用这个模式的教师通常使用各种各样的技术工具来制作和组织视频内容。

现在，有很多种视频制作工具和软件可以使用，有很多自称是最好的翻转课堂工具，事实上没有一个是真正最好的。以我的经验，假如学校或者该地区将其职业发展工作的重心放在几种工具上时，就能够展示最好的翻转课堂。在选择合适的工具时，学校应该选择那种很简单并且很容易与已有的技术设备兼容的工具。

为了制作翻转视频，大多数教师使用下面这些学习管理系统中的一种，例如，Canvas、Schoology、Blackboard、1Know和eChalk、Haiku学习、谷歌教室。然而，随着教师越来越多地采用翻转课堂模式，每个人都使用不一样的学习管理系统，这就给学生造成了困惑（例如，某个学生可能有三堂课是翻转课堂，三堂课使用三个不同的学习管理系统）。虽然这些工具各个都很有帮助，但是这么多选择也会让教师很迷惑，职业培训也会变得困难，因为技术培训者要能够使用所有平台。这样一来，一个学校使用一个学习系统就会变得更容易——这会为教师和学生简化很多事情，简化职业培训，确保翻转学习得到广泛使用（我最近制作了一个课程，名为“如何避免翻转学习技术选择的17宗罪”，请访问网址http://learn.flglobal.org.）。

为学生提供帮助

翻转课堂提供的一个根本性的转变就是帮助那些经常

在回家后没有人帮他们应对难度大的家庭作业的学生，这些学生就是学校照顾不到的人群。当老师给这样的学生布置传统家庭作业或者高阶活动时，他们家中没有适当的辅助系统，就只能自己努力解决问题，被难住时只能直接被迫放弃。一个教授知识或者有助于学生理解学习内容的简短翻转视频，对学校照顾不到的学生会有很大帮助。

对于那些学校照顾不到的学生，最大的问题是如何获取视频。翻转课堂模式不是建立在学生方便上网的基础之上吗？假如学生没办法上网，又该怎么办呢？优秀的学校或者学校所在地区的领导层可以帮助解决这个问题。好消息是到2019年，99%的美国学校将装有高速互联网——这要归功于巴拉克·奥巴马总统在2014年带头开展的在线教育行动计划。作为计划的一部分，所有低收入家庭的学生将有机会免费使用高速互联网或者上网费用将大幅降低。

对于那些在外面无法上网的学生，可以使用下面几种办法：

- 告诉学生怎样可以获得可用的网络。你可能会对能够上网的学生数量感到惊讶，即使是一些经济欠发达地区，学生也都可以上网了。很多学生有便携装置（例如，手机）、内置无线网络装置（例如，iPod或者平板电脑）或者一些其他设备。学生通常只是需要一个让他们联网的地方，现在，不提供免费无线网络的商家已经很少见了。
- 提供无线网络及说明。随着越来越多的学校配置网络，家里没有网络的学生可以在学校登陆翻转课堂，并将翻转家庭作业内容下载到自己的个人装备或学校提供的装备中。我接触过一些学校，他们的学生有的无法使用网络，老师们要教网络资源有限的学生如何将翻转视频内容下载到便携设备上。

• 开放学校的网络设施。大多数学校的机房、图书馆和其他公共区域都配有电脑。如果学校要积极采用翻转课堂模式，这些区域在上课前、午餐时和放学后就会人满为患。学生们会蜂拥到这些区域去联网，有些学校甚至在校车上提供无线网络。

• 发现社区内以及周边有网络覆盖的地方。很多商家和大多数公共图书馆都提供免费的无线网络。从学生那里了解一些他们经常去的以及方便与社区同伴联络的能够提供免费无线网络的场所，列出地址和名称。

• 考虑通过DVD来拷贝翻转视频。无法使用互联网相关设备的学生或许可以通过电视来看DVD。把视频拷贝在DVD上，然后发给学生，这个做法是比较简单的——2007年我和亚伦·萨姆斯在我们学校尝试翻转课堂时就是这么做的（因为我们发现每个学生家里起码都有一台

DVD播放机）。

- 要意识到学生能否有条件上网是很重要的。如果你有一个学生可使用的网络资源非常有限，就需要解决这个问题。和我共事过的学校中，有多达80%的学生在享用免费或者打折午餐，这些学校也都找到了方法来解决这个问题。解决网络问题要很有创造性，但是他们做到了，因为他们意识到这对学生来说是大有裨益的。

支持勇于创新的教师

冒险迈出实践翻转学习的步伐是全新的、与以往不同的教学方式，学校中第一个接受翻转学习的教师是勇敢的。他们和传统一刀两断，尝试新事物，他们值得支持和尊重。支持创造风险与创新并存的环境，这是学校领导应鼓励的教育风气。只有当学校领导相信具有创新精神的教师并授权给他们，这种风气才能形成。这就要求学校领导支持具有创新精神的教师，并找到办法来复制这些教师的努力成果。每个校领导都知道学校中的哪些教师是积极的引领者，领导们应该尽一切努力满足这些教师们的需求，和他们统一战线，然后让他们帮助转变整个学校的教育方式。翻转教师可以选择一次带动一位老师。

翻转会议

不仅老师们要跟学生进行面对面的交流，校领导和老师也要进行这样的交流——这就是教职工会议。传统的教职工会议普遍用于传达信息，既没有使教师们参与进来充分讨论的教学实践，也没有抽出时间让教师们进行集体提问和学习。真正希望教师开始引入翻转课堂模式的校领导应该首先成为这种好的教学实践的楷模，各部门的带头教师以及PLC的牵头教师也应该这么做。

翻转教职工会议的目标是在校领导和教师们面对面的会议中进行更加深入而有意义的实践。我见到过两种不同方式的翻转教职工会议。

1. 采用翻转学习方法，教师观看简短的信息视频（或者简单地阅读电子邮件或文章），这些信息是关于即将举行的篮球赛、教学策略变化或者考试时间表等。做完后，教师会议时间就专用于教师分享自己的最佳教学实践、关于新标准或者被推后的新时间表等的小组讨论。

2. 领导在教学中也担任一定的角色。领导希望教师学习新技能，这样能反过来帮助学生在学校取得成功。采用这一方法，校领导们制作一个视频（把视频内容的背景和前因后果告知全体员工）或者给全体员工读一篇文章，比如关于大纲要求课程的一些隐含内容等。然后在会议期间，教师们使用视频里提供的背景作为教育活动或者讨论的基础。

3. 大约两年前在一个会议上，我给学校领导出难题，让他们翻转教职员工大会。华盛顿湾景中学副校长保罗·爱马仕接受了这一挑战，他成功地翻转了教职员工大会。他总结道，每年他能够额外获得24个小时和全体员工一起就课程进行专业的学习。保罗说翻转教职员工大会完全改变了他所在的学校氛围。

与学生父母交流

大部分学生父母不知道翻转课堂模式，他们需要一些信息。他们可能从孩子那里听到过这样的话“我的老师再也不讲课了”或者“我们从来都是看视频”。那么，翻转课堂模式是如何通过为教师提供额外的时间让其与学生单独互动，从而使学生收益的呢？校领导和一些重要的教师带头人有必要沟通交流一番。我见过以下几种方式：

- 教师给家长写信（在附录中查看信件）。

- 学校通过电子邮件、信件等和父母沟通交流。
- 学校召开信息会议。
- 教师或学校翻转校园开放夜（父母观看关于翻转课堂的小视频，然后在开放夜讨论这个小视频，这样就把校园开放活动进行了翻转）。

最终这是一个交流问题，在学校的任何一样新事物刚开始时，沟通交流都是非常重要的。

辅助家长去帮助他们的孩子

2007年我开始翻转课堂时，我请家长们来参加，他们表达了他们有多么喜欢我的翻转视频。起初我很吃惊，我的学生家长正在观看我的翻转课堂视频。时间长了，我开始用这种方法培训其他教师。我意识到这种做法并不少见，很多家长和孩子们一起观看视频内容，这使我明白了，在翻转课堂中真的有一些很好的办法让家长帮助孩子做作业。

我鼓励家长要不时地和孩子一起看翻转视频，这不仅可以帮助学生完成家庭作业，也可以培养孩子在校学习的兴趣。当家长用这种方法接触视频，就可以学到学校教给孩子的内容，也能够为自己的孩子提供帮助了。虽然学生知道如何观看视频，但是他们往往不知道如何在观看教育视频时理解内容，家长们可以通过下面的方法来帮助自己的孩子充分利用翻转课堂：

- 做笔记并进行反思。很多学生不知道怎么在纸上组织自己的想法，当家长和孩子一起记笔记时，学生能获得日后生活中会使用到的宝贵技能。
- 确保观看视频无干扰。因为大部分视频都是在线的，学生很容易受到线上活动的干扰。当家长能够确保学生可以在无干扰的情况下观看视频时，学生会取得更大的收获。

- 想出好问题。学生在接触新内容时往往不知道要问什么，家长可以鼓励孩子想一想他们可以在学校问老师的一些更深层次的问题。

附录中包含一张清单，其内容是关于如何最好地观看翻转视频的。清单中提供了很多具体信息，这些信息包含了环境设置、如何最好地记笔记以及如何高效地参加翻转课堂。

我写了一篇面向家长的博文，题目是《孩子上翻转课堂家长应该感到兴奋的5个原因》（http://bit.ly/ParentsFlip）。在这篇博文中，我按时间顺序记录了翻转家庭作业和翻转学习的好处：

- 原因1：可以增加师生互动。我相信好的教学是能够发展师生间的良性关系。翻转课堂的一个美好之处是教师有更多的时间和每个学生交流，这就意味着你的儿子或者女儿和老师有了更多一对一交流的时间。让教师从“教室讲台前”走下来是很了不起的，让老师走入学生中间改变了课堂的运行机制。我在2007年翻转课堂时，发现我比之前19年更了解学生了，和每个孩子度过很多高质量的时间帮助我在认知和关系上都能更了解学生。

• 原因2：可以帮助你辅导学生。有多少次，你的孩子是拿着他们无法理解的作业回家的？你和孩子坐在桌边，你竭尽所能想帮助孩子，但是你帮不上。也许你在上学时学了很多东西，但是你的孩子告诉你“做错了”。翻转课堂的美好之处在于你也可以和孩子一起看视频。你可以学习到老师是如何讲解一个话题的，同时你也可以充分准备好如何帮儿子或者女儿。

• 原因3：可以降低你的孩子对于家庭作业的焦虑感。我有三个孩子，有时候孩子拿着作业回家时，他们感到有压力，他们要做的事情太多，不是时间不够就是理解不充分。有几次，孩子为此痛哭流涕，而我和我妻子也很着急。如果家庭作业是观看一段视频然后与之互动（我重点强调视频一定要短），那么这就更加容易操作，我们的想法就是让孩子在课堂上做难的部分。

• 原因4：你的孩子将能够暂停并回顾老师的视频。在翻转课堂的早些年中，有一年我的女儿凯蒂正在观看我在起居室录制的视频（顺便说一下，这种感觉很怪），她跳起来说："我爱翻转课堂。"我问她原因，她说："因为我可以让你暂停。"我很吃惊，但是我意识到了她在说什么，她可以让她老师留给他们的视频作品暂停。所有的孩子学习的速度是不同的，坦白讲，我们作为老师讲话太快了。如果你的孩子能够暂停和回放老师的讲课，这是不是太棒了？那么，如果孩子们在翻转课堂上，他们就能那么做。

- 原因5：可以引领你的孩子进行更深层次的学习。我看到，几乎每个上翻转课堂的老师都会遇到这样的事情：他们翻转课堂一两年后，就跳出了翻转课堂，使用了更深入学习的策略，例如，以项目为基础的学习，以挑战为基础的学习以及掌握学习。如果你的老师已经翻转课堂多年，那么你真称得上是极其幸运的了，这些教师无疑完全改变了课堂的活力。他们的学生不用把全部精力用来应付考试或者繁重的作业，相反，学生们积极参与到自己的学习中，为自己的学习负责，并且热情高涨地接受自己的学习任务。

父母再也不用背负家庭专家的期冀，父母的角色转换

了。父母只需要鼓励他们的孩子与翻转课堂视频进行更深入的互动，就是那么简单。我了解到来自世界各地学校的无数家长非常感谢我牵了这个头，或者说，改革了家庭作业，使其不再是一个冷冰冰的词。

第 6 章

翻转课堂与深度学习改变了学校的教育模式

我最近收到了朋友特洛伊·施泰因的一封邮件，他为女儿的科学课感到很苦恼，他的女儿已经落后了，他正努力使她赶上去。他承认女儿做了一些错误的选择导致了成绩下降，但是在他写信的时候，她已经做好了学习的准备。老师在课上已经讲到了第四章，但特洛伊的女儿还不太理解第一章的关键概念。这下特洛伊有了任务，他意识到自己上九年级的物理科学课已经是很久以前的事了，但考虑到自己在IT领域工作且拥有硕士学位，头脑也聪明，所以他认为自己能够在充分学习后帮助自己的女儿。

特洛伊拿出课本，做了笔记卡片，尝试算几道题来学习这些材料，但是最后特洛伊没能够帮到女儿。他意识到他不太容易获得这些信息，随后他聘请了一位辅导老师，也没有帮上忙。他很苦恼，在YouTube视频网站上发了一段给学校科学组的视频。在视频中，他既没有责怪教师也没有批评教师的讲课内容，这一点令人耳目一新。相反，他质疑了传统课堂的设计。他在思考，为什么传统课堂的家庭作业中最难的部分布置在了错误的地方——家里，学生在这个时候恰恰远离了真正的专家，也就是教师。特洛伊随后就想知道，假如女儿生长在父母给予的帮助很少或者根本就无法提供帮助的环境下会是什么样子，像她女儿这样的人会有什么机会？他在视频末尾和科学组教师分享了他对翻转课堂的看法，更重要的是分享了翻转课堂是如何改变课堂与学校教育模式的。

家庭作业的价值现在是一个教育界的热门话题，做好家庭作业会提高学生的成就感。为家庭作业正名的一个办法就是采用翻转课堂模式，按照本书的建议做。我们需要把低水平的认知任务布置回家而不是布置“难的任务”，这样一来，学生来上课时就可以和专家——他们的老师，一起做高阶的认知任务。用这种方式，学生会有更丰富、更有意义的课堂体验。另一种说法是：家庭作业是轻量级举重，而课上时间是重量级举重。作为教育者，我们需要停止把困难的部分布置给学生回家做，学生在家里可能没有能力来完成这些任务，或者得不到必要的辅助。相反，我们需要用技术来帮助所有学生都成为成功和高度参与的学习者。翻转学习简化了整个家庭作业的体验，学生的作业是有目的性且高效有用的，不仅如此，家庭作业看起来还具有美学吸引力。

我们要重新思考家庭作业！我们要使其更有意义、更有效！我们要停止利用家庭作业来打击不听话的学生，或者利用家庭作业只是为了维持现状。我们需要的是改变我们布置家庭作业的方式，通过翻转视频，家庭作业成为了进入更深层次参与、理解和学习的通道。

一些教师说，他们尝试了几节课的翻转课堂，当很多学生没有观看翻转视频时，他们就认为这个模式不适合他们的学生。这些教师说："他们不配合！"然后他们重新采用了传统讲课模式，因为他们觉得他们的学生至少能从传统模式中学到点什么。我们理解万事开头难，尝试翻转课堂也不例外。不要只是翻转了几节课，就不再翻转了，坚持下去，相信翻转课堂一定能行。你可能会想："我只是试一下，如果学生不喜欢，就回到旧的模式去。"我们建议你不要有这样的态度。自信地走进教室："学生们，我们需要深度学习，从而学得更好，接下来我们要使用翻转课堂的教学模式了。"既要自信，也要有架势，开始翻转你的课堂吧。

任何改变都是困难的！坚持下去，我保证你不会回头。

附　录

高效且实用的教学工具

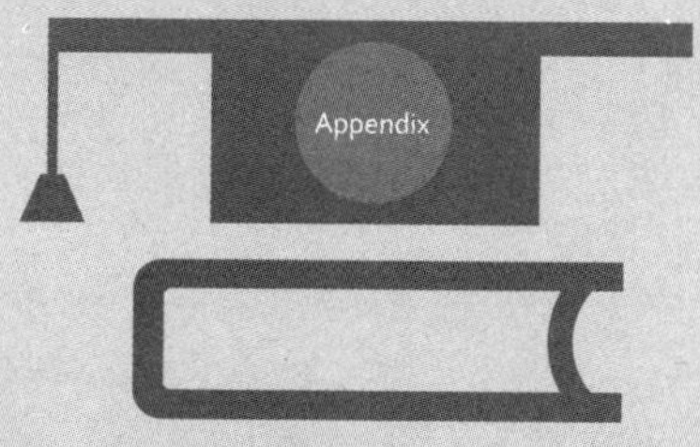

如何观看翻转视频

学生指南

教师可以将下面的指南发给学生，指南的目的在于帮助学生为翻转视频任务做准备。

翻转课堂要求学生对学习负责。确保学生在做翻转家庭作业时遵循了这些指南。

环　境

- 我坐在一个安静没有干扰的地方。
- 我把电话调成静音啦。
- 我把设备上的所有其他窗口都关闭了。
- 我在观看翻转视频时没有登录社交媒体。

- 我带了课堂笔记本和书写工具记笔记。
- 我使用耳机看视频（集中我的注意力）。

笔　记

- 我在看视频时认真记笔记。
- 我在笔记中画出了合适的图表。
- 我频繁暂停视频记笔记。
- 我不理解的时候会回放视频。
- 我暂停视频来解决一个问题，或者当老师告诉我这么做时，我记下来。
- 我尽自己的最大能力来回答视频中提出的问题。
- 当我不理解时，我在笔记中记下翻转视频中的问题。
- 我把问题带到课堂上。

在课堂上

- 我向老师提问我在笔记本上记下的问题，以便我获得老师的帮助。
- 我全身心参与课堂活动。
- 我和同伴合作。
- 我主动提出帮助同伴解释我理解的内容。
- 当我的同伴比我理解得多，我从他们那里获得帮助。

视频模板

虽然翻转视频最好是由教师自己制作属于自己的，但是观看各种视频是非常有用的。下面是一些高质量视频的链接：

学科/年级	笔　记	网址链接
所有学科/所有年级	约翰多年来一直在维护教师翻转课堂视频频道，翻转课堂视频资料库包含100多个频道。	bit.ly/flipvid1
所有学科/三年级	兰迪·布朗的网站有500多部自己给三年级学生翻转课堂使用的视频。	MrRBrown.org
科学课/高中	保罗·安德森录制了成百上千的高品质科学视频。	bozemanscience.com

学科/年级	笔　记	网址链接
科学课/高中	乔纳森·托马斯-帕尔默制做了超高品质的翻转视频。注：不要被视频吓到（因为大部分翻转视频制作价值都要低得多）。	flippingphysics.com
数学/五年级	迪莉娅·布什是一位获奖的小学教师。	bit.ly/flipvid2
数学/高中	约翰·塔格的Youtube频道	bit.ly/flipvid3
数学/高中	迈克尔·摩尔的Youtube频道	bit.ly/flipvid4
语言艺术/初中和高中	安德鲁·托马森和谢丽尔·莫里斯的Youtube频道	bit.ly/flipvid5
文学/K-2	卡罗尔·雷德蒙的网站	carolredmond.blogspot.com
历史/高中	汤姆·德里斯科尔的Youtube频道	bit.ly/flipvid6
世界语言/所有年级	迪尔夫人面向英语母语学习者的西班牙语和法语教学网站	Senora-dill.wikispaces.com

学科/年级	笔 记	网址链接
高中/AP心理学	唐·迈耶斯的Youtube频道	bit.ly/flipvid7
生物/高中	杰里米·勒科尔尼是澳洲的一位教师，他有一些带有创新科技的视频令人惊奇。	bit.ly/flipvid8
数学和商务/高中	乔尔·斯佩兰萨使用“讲台前的讲课板”来制作视频，参与性很强。	bit.ly/flipvid9

翻转课堂反馈：学生调查

学生反馈能让教师知道如何改进翻转视频。

下面是一些问题范例，在你制作自己的调查时可以起到促进作用。你可能也想让你的学生参加调查，请参考本书的问题范例。

1. 你在一天中的什么时间观看翻转视频？

a. 就在上课前。

b. 上午。

c. 在校期间。

d. 刚放学。

e. 晚上。

2. 你在观看翻转视频时还做其他事情吗？

a. 在观看翻转视频时我从来不做其他事情。

b. 在观看翻转视频时我有时做其他事情。

c. 在观看翻转视频时我经常做其他事情。

d. 在观看翻转视频时我总是做其他事情。

3. 和传统的教师系统相比，翻转家庭作业系统如何？

a. 更糟糕：活页练习题/教科书比看视频好太多。

b. 还行：但只是在某些方面更好，在其他方面不如传统模式。

c. 不发表评价：相差无几。

d. 整体上，是非常不错的。

e. 太棒了，我完全倾向于这个系统，更多的老师都应该这样做。

4. 在规定日期之前你容易获取翻转视频并观看视频吗？

a. 非常困难，我在家里或学校经常很难及时观看视频。

b. 从来没有遇到过问题！我总是有足够的时间看视频，上网也很方便。

5. 我应该如何改进翻转视频（选择所有可行的选项）？

a. 屏幕上尽量不要放文字。

b. 在屏幕前说话/动作不要那么夸张。

c. 屏幕上的文字多一些。

d. 所有的视频都遵循同样的格式。

e. 我们看不到你的脸时，“画外音”要多一些。

f. 通过问我们问题让视频互动更多一些。

g. 什么也不用改变！视频很棒！

h. 在屏幕前说话/动作再夸张一些。

i. 增加更多“直播”视频，我们可以看见你对着镜头讲话。

j. 其他：

6. 你对视频呈现的满意程度如何（例如，画外音、颜色选择、内容等）?

a. 不满意。

b. 还可以。

c. 满意。

d. 非常满意。

7. 通常情况下，你是怎么观看家庭作业视频的?

a. 在手机上。

b. 在家里的电脑上。

c. 在学校的电脑上。

d. 其他：

8. 在整个学年，你都是在规定日期之前观看视频吗（请诚实作答）?

a. 很少。

b. 有大约一半的时间。

c. 最开始不是，但是之后更多。

d. 大部分时候是。

e. 总是。

9. 你多久看一次课堂上建议观看的视频?

a. 几乎总是观看。

b. 建议次数看了超过一半。

c. 建议次数看了不到一半。

d. 从来没看过。

10. 你经常在哪里看翻转视频?

a. 在家里。

b. 在班上。

c. 在学校(另一堂课上、午餐地点等)。

11. 使用视频是否让你的老师把更多的时间用来和你互动,或者开展范围更小的小组活动?

a. 所有时间。

b. 大部分时间。

c. 其中一部分时间。

d. 几乎没有时间。

12. 你观看翻转视频是一次看一个还是一次看一批?

13. 你喜欢翻转视频的一个方面是什么?

14. 你对课堂活动怎么看?

15. 你对你的课堂活动做出什么样的改变?

16. 关于这堂课，你会给下一年的学生什么样的建议（换句话说，你希望去年九月份有人对你有什么忠告）?

17. 如果我们走进传统授课为基础的教室，课堂会缺少什么?

18. 在线视频是如何支持你学习这个话题的?

翻转学习简介：给家长的一封信

鉴于家长们可能想要了解翻转学习以及为什么自己的孩子在看视频而没有做家庭作业。下面这封信是一位翻转教师写给学生家长的。也许，在新学年开始之前你也可以结合自己的实际情况给你的学生家长写一封这样的信，一定会大有裨益的。

亲爱的家长：

很高兴今年您的孩子分到了我的班里，这是我教书育人的第24个年头，我仍然很热爱自己的工作。和您的孩子一起学习可以使我保持年轻的状态，教书育人是我的人生使命。

这封信并非一封典型的入学通知书，在典型的通知书中，我会给出课程大纲和评分方式。相反，在这封信中，我想跟您分享一下我对教育的信念，然后解释一下这种思想是如何融汇到我的教学方法中的，我将用这种方法来教导您的孩子。

我已经完成了一些教育研究，我认为可以总结为两大方面：

1. 当学生与教师和同学进行积极互动和交往时，他们学得最好。

2. 当学习能够调动学生积极参与时，学生学得最好。

为了达到这样的目的，我采用了“翻转课堂”的学习方法——确保师生关系更深入和课堂更积极的最好方法。

总而言之，该模式让学生通过与短视频互动来做作业，以此来替代课上的直接教学（讲课）部分。当您的孩子来上课时，他们将会应用和拓展微视频中所介绍的内容，换句话说就是原来在家里做的任务（典型的家庭作业）是在课上完成，而在课堂上典型要做的任务（课堂内容）是在家里完成。

世界各地的教师采用翻转课堂模式取得了很好的效果，我觉得这种模式在我的课堂上特别有帮助，因为我获得了更多的自由时间，可以和每一个学生（您的孩子）单独交流更长时间。这种方法帮助学生更主动地学习，提高学生的考试成绩。

您的孩子带着不会做的作业回家的日子将一去不返，他们的首要作业是与我录制的这些短视频互动并记笔记。视频是在4~12分钟，您的孩子应该花不到20分钟时间就能完成。

关于该模式，如果您有疑问，我鼓励您观看这个短视频（您可以在http://bit.ly/explainflip中找到），这是由翻转学习专家乔纳森·伯格曼制作的。该视频很好地解释了这一模式，并且让您清楚了解我的课堂会是什么样子。同时，欢迎您通过电子邮件或者电话与我联系。

我很期待这个学年为您的孩子授课，也很期待您积极参与学校的翻转课堂。让我们一起努力为孩子的学习创造最好的环境吧。

×××

jteacher@myschool.com

303–333–333，×333

翻转视频制作清单

绝大多数翻转课堂的教师会用视频作为课前准备内容，下面的清单在您准备制作翻转视频时将会帮到您。

技术要求

- 视频在安静的房间录制
- 视频有注释
- 视频在线上传
- 学生知道如何获取视频内容

视频内容

- 视频简短
- 视频包含一个话题
- 视频有互动设置

• 视频有嵌入问题并且要求学生回答一些提示问题

• 视频讲解新的内容

• 视频内容是以布卢姆教育目标分类中的知识或理解水平设置的

• 视频图片多于文字

其他注意事项

• 视频是与同事一起制作（如果可能的话）

• 我讲话精力充沛

• 我用对话的语气讲话

• 我在视频中出镜

• 视频计划用于满足课程目标

• 所有选自其他来源的图像都有引用提示

课堂追踪表

先行组织者材料有时被称为追踪表，很多老师采用它来配合翻转视频作业。下面是化学课追踪表的范例（注意实际的追踪表有更多空间供学生写笔记）。

视频6.1：热化学

热动力学第一定律
能量不能＿＿＿＿＿＿＿。
宇宙能量总和＿＿＿＿＿＿＿。
热动力学的意思是（检查文字）：

化学反应中的能量
在反应中能量流动的两种方式：
流入：吸热，
流出：放热，
称作焓：符号是ΔH。

4种方法来计算ΔH（填写下表）

4种方法来计算ΔH

__________ __________ __________ __________

学生进步监测表

谢恩·弗格森是俄亥俄州的一位初中教师，她让学生完成下表来监测自己的进步。当学生在一个部分学习有进步时，这是学生自我反思的一个很好的工具。

七年级数学

姓名： 话题/单元：**话题3/4：有理数和无理数**
课程标准： 8.NS.2：将无理数近化为有理数来比较无理数的大小，在数轴上近似地做出标识，估算表达式的值（例如，π2）。例如，截取$\sqrt{2}$的十进位展开值，写出在1到2之间的$\sqrt{2}$的值，然后写出在1.4到1.5之间的$\sqrt{2}$的值，解释怎样继续得出更好的近似值。

预测试得分：________________

思考（你擅长的是什么？你最大的困难是什么？）

我测试后的目标是：

我计划达成测试后目标的做法是：

中点反思

我在课程中点时做得怎么样？我怎样才能继续向我的目标迈进或者我需要怎么做才能按时完成？

需要完成的作业：

顺 序	作 业	能否做到/反思
	在线游戏 （分数、小数、百分数）	
	平方根	
	话题进行到3/4，综合复习	
	话题进行到3/4，作业	
	话题进行到3/4，评估练习	
	夏季奥林匹克活动应用	
	摩天大楼活动应用	

之后测试分数：________________

反思（我达成了自己的目标了吗？我学到了什么？我怎样才能在下个单元有所提高或者保持现在的水平？）

“常青藤”书系—中青文教师用书总目录

	书名	书号	定价
	特别推荐——从优秀到卓越系列		
★	从优秀教师到卓越教师：极具影响力的日常教学策略（入选浙江省教师节用书）	9787515312378	33.80
★	从优秀教学到卓越教学：让学生专注学习的最实用教学指南	9787515324227	39.90
★	从优秀学校到卓越学校：他们的校长在哪些方面做得更好	9787515325637	33.80
★	卓越课堂管理（中国教育新闻网2015年度“影响教师的100本书”）	9787515331362	68.00
	名师新经典/教育名著		
★	马文·柯林斯的教育之道：通往卓越教育的路径（两度拒任美国教育部长的当代传奇教师。朱永新倾情作序，李希贵、哈佛大学幸福课沙哈尔、斯坦福大学德韦克教授力荐）	9787515355122	49.80
	如何当好一名学校中层：快速提升中层能力、成就优秀学校的31个高效策略	9787515346519	29.00
	像冠军一样教学：引领学生走向卓越的62个教学诀窍	9787515343488	49.00
	像冠军一样教学 2：引领教师掌握62个教学诀窍的实操手册与教学资源	9787515352022	68.00
★	如何成为高效能教师（美国最畅销教师用书，销量超过350万册，教师培训第一书）	9787515301747	89.00
★	给教师的101条建议（第三版）(《中国教育报》“最佳图书”奖)	9787515342665	33.00
★	改善学生课堂表现的50个方法（入选《中国教育报》“影响教师的100本书”）	9787500693536	33.00
	改善学生课堂表现的50个方法操作指南：小技巧获得大改变	9787515334783	29.00
★	优秀教师一定要知道的17件事（美国当前最有影响教育畅销书作者全新力作）	9787515342726	23.00
	美国中小学世界历史读本 / 世界地理读本 / 艺术史读本	9787515317397等	106.00
	美国语文读本1-6	9787515314624等	252.70
	和优秀教师一起读苏霍姆林斯基	9787500698401	27.00
	快速破解60个日常教学难题	9787515339320	33.00
★	美国最好的中学是怎样的——让孩子成为学习高手的乐园	9787515344713	28.00
	建立以学习共同体为导向的师生关系：让教育的复杂问题变得简单	9787515353449	33.80
	教师成长/专业素养		
	像领袖一样教学：改变学生命运，使学生变得更好（中国教育新闻网2015年度“影响教师的100本书”）	9787515355375	49.00
	你的第一年：新教师如何生存和发展	9787515351599	33.80
	教师精力管理：让教师高效教学，学生自主学习	9787515349169	28.00
	如何使学生成为优秀的思考者和学习者：哈佛大学教育学院课堂思考解决方案	9787515348155	39.80
	反思性教学：一个已被证明能让所有教师做到最好的培训项目（30周年纪念版）	9787515347837	49.00
★	凭什么让学生服你：极具影响力的日常教育策略（中国教育新闻网2017年度“影响教师的100本书”）	9787515347554	28.00
	运用积极心理学提高学生成绩（中国教育新闻网2017年度“影响教师的100本书”）	9787515345680	39.80
★	可见的学习与思维教学：让教学对学生可见，让学习对教师可见（中国教育报2017年度“教师最喜爱的100本书”）	9787515345000	29.80

书名	书号	定价
可见的学习与思维教学：成长型思维教学的54个教学资源：教学资源版	9787515354743	36.00
教学是一段旅程：成长为卓越教师你一定要知道的事	9787515344478	39.00
安奈特·布鲁肖写给教师的101首诗	9787515340982	35.00
万人迷老师养成宝典学习指南	9787515340784	28.00
中小学教师职业道德培训手册：师德的定义、养成与评估	9787515340777	32.00
成为顶尖教师的10项修炼（中国教育新闻网2015年度“影响教师的100本书”）	9787515334066	35.00
★ T. E. T. 教师效能训练：一个已被证明能让所有年龄学生做到最好的培训项目（30周年纪念版）（中国教育新闻网2015年度“影响教师的100本书”）	9787515332284	39.00
教学需要打破常规：全世界最受欢迎的创意教学法（中国教育新闻网2015年度“影响教师的100本书”）	9787515331591	33.00
10天卓越教师自我培训（教育家安奈特·布鲁肖顶尖卓越教师培训教材）	9787515329925	29.00
给幼儿教师的100个创意：幼儿园班级设计与管理 / 为幼升小做准备	9787515330310等	58.00
给小学教师的100个创意：发展思维能力	9787515327402	29.00
给中学教师的100个创意：如何激发学生的天赋和特长 / 杰出的教学 / 快速改善学生课堂表现	9787515330723等	87.90
以学生为中心的翻转教学11法	9787515328386	29.00
如何使教师保持职业激情	9787515305868	29.00
★ 如何培训高效能教师：来自全美权威教师培训项目的建议	9787515324685	32.00
良好教学效果的12试金石：每天都需要专注的事情清单	9787515326283	29.90
★ 让每个学生主动参与学习的37个技巧	9787515320526	28.00
给教师的40堂培训课：教师学习与发展的最佳实操手册	9787515352787	39.90
提高学生学习效率的9种教学方法	9787515310954	27.80
★ 优秀教师的课堂艺术：唤醒快乐积极的教学技能手册	9787515342719	26.00
★ 万人迷老师养成宝典（第2版）（入选《中国教育报》“2010年影响教师的100本书”）	9787515342702	29.00
高效能教师的9个习惯	9787500699316	23.00
★ 好老师可以避免的20个课堂错误（入选《中国教育报》“2010年影响教师的100本书”）	9787500688785	21.50
课堂教学/课堂管理		
如何在课堂上实现卓越的教与学	9787515358321	49.00
基于学习风格的差异化教学	9787515358437	39.90
如何在课堂上提问：好问题胜过好答案	9787515358253	39.00
高度参与的课堂：提高学生专注力的沉浸式教学	9787515357522	39.90
让学习变得有趣	9787515357782	39.00
如何利用学校网络进行项目式学习和个性化学习	9787515357591	39.90
基于问题导向的互动式、启发式与探究式课堂教学法	9787515356792	49.00
如何在课堂中使用讨论：引导学生讨论式学习的60种课堂活动	9787515357027	38.00
如何在课堂中使用差异化教学	9787515357010	39.90

	书名	书号	定价
	如何在课堂中培养成长型思维	9787515356754	39.90
	每一位教师都是领导者：重新定义教学领导力	9787515356518	39.90
	教室里的1-2-3魔法教学：美国广泛使用的从学前到八年级的有效课堂纪律管理	9787515355986	39.90
	如何在课堂中使用布卢姆教育目标分类法	9787515355658	39.00
	如何在课堂上使用学习评估	9787515355597	39.00
	7天建立行之有效的课堂管理系统：以学生为中心的分层式正面管教	9787515355269	29.90
	积极课堂：如何更好地解决课堂纪律与学生的冲突	9787515354590	38.00
	设计智慧课堂：培养学生一生受用的学习习惯与思维方式	9787515352770	39.00
	追求学习结果的88个经典教学设计：轻松打造学生积极参与的互动课堂	9787515353524	39.00
	从备课开始的100个课堂活动设计：创造积极课堂环境和学习乐趣的教师工具包	9787515353432	33.80
	老师怎么教，学生才能记得住	9787515353067	48.00
	多维互动式课堂管理：50个行之有效的方法助你事半功倍	9787515353395	39.80
	智能课堂设计清单：帮助教师建立一套规范程序和做事方法	9787515352985	49.90
	提升学生小组合作学习的56个策略：让学生变得专注、自信、会学习	9787515352954	29.90
	快速处理学生行为问题的52个方法：让学生变得自律、专注、爱学习	9787515352428	39.00
	王牌教学法：罗恩·克拉克学校的创意课堂	9787515352145	39.80
	让学生快速融入课堂的88个趣味游戏：让上课变得新颖、紧凑、有成效	9787515351889	39.00
★	如何调动与激励学生：唤醒每个内在学习者（李希贵校长推荐全校教师研读）	9787515350448	39.80
	合作学习技能35课：培养学生的协作能力和未来竞争力	9787515340524	45.00
	基于课程标准的STEM教学设计：有趣有料有效的STEM跨学科培养教学方案	9787515349879	68.00
	如何设计教学细节：好课堂是设计出来的	9787515349152	39.00
	15秒课堂管理法：让上课变得有料、有趣、有秩序	9787515348490	33.80
	混合式教学：技术工具辅助教学实操手册	9787515347073	39.80
	从备课开始的50个创意教学法	9787515346618	29.00
	中学生实现成绩突破的40个引导方法	9787515345192	33.00
	给小学教师的100个简单的科学实验创意	9787515342481	39.00
	老师如何提问，学生才会思考	9787515341217	33.80
	教师如何提高学生小组合作学习效率	9787515340340	29.00
	卓越教师的200条教学策略	9787515340401	35.00
	中小学生执行力训练手册：教出高效、专注、有自信的学生	9787515335384	33.80
	从课堂开始的创客教育：培养每一位学生的创造能力	9787515342047	33.00
	提高学生学习专注力的8个方法：打造深度学习课堂	9787515333557	35.00
	改善学生学习态度的58个建议	9787515324067	25.00
★	全脑教学（中国教育新闻网2015年度“影响教师的100本书”）	9787515323169	38.00

书名	书号	定价
全脑教学与成长型思维教学：提高学生学习力的92个课堂游戏	9787515349466	39.00
哈佛大学教育学院思维训练课	9787515325101	36.00
完美结束一堂课的35个好创意	9787515325163	28.00
如何更好地教学：优秀教师一定要知道的事（被英国教育界奉为圣经的教学用书）	9787515324609	36.00
带着目的教与学	9787515323978	28.00
美国中小学生社会技能课程与活动（学前阶段/1-3年级/4-6年级/7-12年级）	9787515322537等	153.80
彻底走出教学误区：开启轻松智能课堂管理的45个方法	9787515322285	28.00
破解问题学生的行为密码：如何教好焦虑、逆反、孤僻、暴躁、早熟的学生	9787515322292	36.00
13个教学难题解决手册	9787515320502	28.00
让学生爱上学习的165个课堂游戏	9787515319032	39.00
美国学生游戏与素质训练手册：培养孩子合作、自尊、沟通、情商的103种教育游戏	9787515325156	36.00
老师怎么说，学生才会听	9787515312057	28.00
快乐教学：如何让学生积极与你互动（入选《中国教育报》"影响教师的100本书"）	9787500696087	29.00
老师怎么教，学生才会提问	9787515317410	29.00
快速改善课堂纪律的75个方法	9787515313665	28.00
教学可以很简单：高效能教师轻松教学7法	9787515314457	39.00
好老师应对课堂挑战的25个方法（《给教师的101条建议》作者新书）	9787500699378	25.00
好老师激励后进生的21个课堂技巧	9787515311838	23.80
开始和结束一堂课的50个好创意	9787515312071	29.80
好老师因材施教的12个方法（美国著名教师伊莉莎白"好老师"三部曲）	9787500694847	22.00
如何打造高效能课堂（美国《学习》杂志"教师必选"奖，"激励教师组织"推荐书目）	9787500680666	29.00
合理有据的教师评价：课堂评估衡量学生进步	9787515330815	29.00
班主任工作/德育		
北京四中8班的教育奇迹	9787515321608	36.00
师德教育培训手册	9787515326627	29.80
中小学教师职业道德培训手册：师德的定义、养成与评估	9787515340777	32.00
好老师征服后进生的14堂课（美国著名教师伊莉莎白"好老师"三部曲）	9787500693819	25.00
优秀班主任的50条建议：师德教育感动读本（《中国教育报》专题推荐）	9787515305752	23.00
学校管理/校长领导力		
重新设计一所好学校：简单、合理、多样化地解构和重塑现有学习空间和学校环境	9787515356129	49.00
让樱花绽放英华	9787515355603	79.00
学校管理者平衡时间和精力的21个方法	9787515349886	29.90
校长引导中层和教师思考的50个问题	9787515349176	29.00
如何定义、评估和改变学校文化	9787515340371	29.80

	书名	书号	定价
	优秀校长一定要做的18件事（入选《中国教育报》“2009年影响教师的100本书”）	9787515342733	26.00
	学科教学/教科研		
	美国学生写作技能训练	9787515355979	39.90
	《道德经》妙解、导读与分享（诵读版）	9787515351407	49.00
	京沪穗江浙名校名师联手教你：如何写好中考作文	9787515356570	49.90
	京沪穗江浙名校名师联手授课：如何写好高考作文	9787515356686	49.80
★	人大附中中考作文取胜之道	9787515345567	39.80
★	人大附中高考作文取胜之道	9787515320694	33.80
★	人大附中学生这样学语文：走近经典名著	9787515328959	33.80
	四界语文（中国教育报2017年度“教师喜爱的100本书”）	9787515348483	49.00
	让小学一年级孩子爱上阅读的40个方法	9787515307589	39.90
	让学生爱上数学的48个游戏	9787515326207	26.00
	轻松100 课教会孩子阅读英文	9787515338781	88.00
	情商教育/心理咨询		
	9节课，教你读懂孩子：妙解亲子教育、青春期教育、隔代教育难题	9787515351056	39.80
★	学生版盖洛普优势识别器（独一无二的优势测量工具）	9787515350387	169.00
	与孩子好好说话（获“美国国家育儿出版物（NAPPA）金奖”，沟通圣经）	9787515350370	39.80
	中小学心理教师的10项修炼	9787515309347	36.00
★	别和青春期的孩子较劲（增订版）（入选《中国教育报》“2009年影响教师的100本书”）	9787515343075	28.00
★	100条让孩子胜出的社交规则	9787515327648	28.00
	守护孩子安全一定要知道的17个方法	9787515326405	32.00
	幼儿园/学前教育		
	美国儿童自然拼读启蒙课：至关重要的早期阅读训练系统	9787515351933	49.80
	幼儿园30个大主题活动精选：让工作更轻松的整合技巧	9787515339627	39.80
★	美国幼儿教育活动大百科：3-6岁儿童学习与发展指南用书 科学 / 艺术 / 健康与语言 / 社会	9787515324265等	600.00
	蒙台梭利早期教育法：3-6岁儿童发展指南（理论版）	9787515322544	29.80
	蒙台梭利儿童教育手册：3-6岁儿童发展指南（实践版）	9787515307664	25.00
★	自由地学习：华德福的幼儿园教育	9787515328300	29.90
	赞美你：奥巴马给女儿的信	9787515303222	19.90
	史上最接地气的幼儿书单	9787515329185	39.80
	教育主张/教育视野		
	培养改变世界的学习者：美国最好的教育给我们的启示	9787515356877	39.90
	教出阅读力	9787515352800	39.90

书名	书号	定价
为学生赋能：当学生自己掌控学习时，会发生什么	9787515352848	33.00
如何用设计思维创意教学：风靡全球的创造力培养方法	9787515352367	39.80
如何发现孩子：实践蒙台梭利解放天性的趣味游戏	9787515325750	32.00
如何学习：用更短的时间达到更佳效果和更好成绩	9787515349084	49.00
教师和家长共同培养卓越学生的10个策略	9787515331355	27.00
如何阅读：一个已被证实的低投入高回报的学习方法	9787515346847	39.00
芬兰教育全球第一的秘密（珍藏版）(《中国教育报》等主流媒体专题推荐）	9787515342610	28.00
世界最好的教育给父母和教师的45堂必修课(《芬兰教育全球第一的秘密》2)	9787515342696	28.00
杰出青少年的7个习惯（精英版）(中小学图书馆推荐书目、中国青少年必读书目）	9787515342672	39.00
杰出青少年的7个习惯（成长版）	9787515335155	29.00
杰出青少年的6个决定（领袖版）(中小学图书馆推荐书目、中国青少年必读书目、全国优秀出版物奖）	9787515342658	28.00
7个习惯教出优秀学生（第2版）(全球第一畅销书《高效能人士的七个习惯》教师版）	9787515342573	29.00
学习的科学：如何学习得更好更快（入选中国教育网2016年度“影响教师的100本书”）	9787515341767	39.80
杰出青少年构建内心世界的5个坐标（中国青少年成长公开课）	9787515314952	59.00
跳出教育的盒子（第2版）(美国中小学教学经典畅销书）	9787515344676	35.00
夏烈教授给高中生的19场讲座（入选《中国教育报》“2013年最受教师欢迎的100本书”）	9787515318813	29.90
学习之道：美国公认经典学习书	9787515342641	39.00
翻转学习：如何更好地实践翻转课堂与慕课教学（中国教育新闻网2015年度“影响教师的100本书”）	9787515334837	32.00
翻转课堂与慕课教学：一场正在到来的教育变革	9787515328232	26.00
翻转课堂与混合式教学：互联网+时代，教育变革的最佳解决方案	9787515349022	29.80
翻转课堂与深度学习：人工智能时代，以学生为中心的智慧教学	9787515351582	29.80
奇迹学校：震撼美国教育界的教学传奇（中国教育新闻网2015年度“影响教师的100本书”）	9787515327044	36.00
学校是一段旅程：华德福教师1-8年级教学手记	9787515327945	32.00
高效能人士的七个习惯（30周年纪念版）(全球畅销书）	9787515350585	79.00

如何成为高效能教师

作者：(美)黄绍裘　黄露丝玛丽
定价：89.00元

- 美国教师培训第一书
- 一套完整的高效能教师培训系统和教师核心素养提升解决方案
- 全球销量超400万册
- 超值赠送60分钟美国最专业、最受欢迎网络教学视频
- 200页网络版主题教学拓展资源

卓越课堂管理

作者：(美)黄绍裘　黄露丝玛丽
定价：68.00元

- 获中国教育新闻网2015年度“影响教师的100本书”奖
- 获2016年第25届上海市中小学、幼儿园“优秀图书”奖
- 一套高效管理课堂的完整体系，为广大教师提供50种有效的课堂管理方案
- 并示范高效能教师的6套开学管理计划，让学生通过严格执行50种教育程序获得成功。

- 风靡全球的“翻转课堂”和“翻转学习”，最早起源于本书的两位作者乔纳森·伯尔曼和亚伦·萨姆斯，他们所任教的美国科罗拉多州落基山的“林地公园”高中被誉为“翻转课堂圣地”，他们在学校长达10余年的对于翻转课堂的实践，已经引起越来越多的人的关注，以至于经常受到邀请向全世界同行介绍这种教学模式
- 来自“世界翻转课堂圣地”的成功模式——轻松效仿
- 被誉为“翻转课堂先驱”的他们对翻转课堂进行了长达十余年的勇敢尝试——成效显著
- 数学和科学卓越教学总统奖得主震撼力作——超强影响力

作者简介：乔纳森·伯格曼，获得过数学和科学卓越教学总统奖（该奖项是美国数学和科学教学领域杰出表现的最高认证），被誉为“翻转课堂先驱”。他和亚伦对翻转课堂进行了长达十余年的勇敢尝试和实践，引起了全世界的关注，世界各地的小学、初中、高中乃至成人教育都纷纷采用这种模式来教授各个学科，并取得了卓越的成效。

亚伦·萨姆斯，获得过数学和科学卓越教学总统奖，被誉为“翻转课堂先驱”。他和乔纳森一起为“翻转课堂”这种教学模式的完善和推广做出了巨大的贡献。

入选中国教育新闻网“影响教师的100本书”

翻转课堂与慕课教学：
一场正在到来的教育变革

ISBN：978-7-5153-2823-2
作者：[美]乔纳森·伯格曼，亚伦·萨姆斯
定价：26.00元

内容简介：《翻转课堂与慕课教学》开始于一个简单的观察：在传统课堂上，学生一直很被动地接受教师的答案。而现在，作者乔纳森·伯格曼和亚伦·萨姆斯尝试了翻转课堂模式，这种模式以学生为中心，鼓励学生为自己的学习负责，并广泛运用于学生的家庭作业、课堂任务、实验和考试等各个方面。

通过10余年的勇敢尝试，乔纳森·伯格曼和亚伦·萨姆斯渐渐发现这种模式可以复制到任何一个课堂，也不需要更多金钱的投入。在这本书中，你将知道“翻转课堂”模式究竟是什么，为什么这种模式会有效，如何实施这一模式。

翻转学习：如何更好地实践
翻转课堂与慕课教学

ISBN：978-7-5153-3483-7
作者：[美]乔纳森·伯格曼，亚伦·萨姆斯
定价：32.00元

内容简介：本书探讨的是一场比翻转课堂更深入的变革：老师不仅仅考虑翻转自己的课堂，而是更为深入地去翻转整个学习过程——如何最充分地利用与学生面对面的时间，从根本上改变课堂和学校，从而满足每一个学生的需要，真正达到定制化学习体验，实现教育“最有效点”。

翻转学习的最大力量正是能够为每一个孩子定制学习。教师可以集中精力改变课堂，使它完全以学生为中心。翻转学习将永远改变教师的教学和与学生互动的方式：学生不仅提高了成绩，而且习得了更加重要的批判性思维和写作技能。教师在课堂上比以往任何时候都兴奋和轻松。